EL PERDÓN A MI MADRE

y mí Liberación

CÓMO RENACER DESPUÉS DE LA RECONCILIACIÓN

ROSARIO SUÁREZ

Rosario Suárez
El Perdón A Mi Madre

DEDICATORIA

Rosario Suárez
El Perdón A Mi Madre

Copyright © **2024 Rosario Suárez**

Título: EL PERDÓN A MI MADRE y mi LIBERACIÓN
Subtitulo: Cómo renacer después de la reconciliación

Dimensión: 215 p.; 15,24 x 22,86 cm

ISBN: 9798323336678

Edición, diseño y diagramación:
Escuela de Autores
3437 Murcia Ct, Fort Myers, Florida, 33905, U.S.A.
info@escueladeautores.com
+13057078850
(305)707-8850

TODOS LOS DERECHOS RESERVADOS
Cualquier parte de este libro puede ser reproducida o almacenada en cualquier sistema electrónico, mecánico, de fotocopiado, de almacenamiento en memoria o cualquier otro, o transmitida de cualquier forma o por cualquier medio**, SOLO CON EL PERMISO EXPRESO DEL AUTOR.**

DEDICATORIA

Dedico con todo mi amor este libro, muy especialmente, a mi nieto Leonardo Rodríguez. Bajo su inocencia y a temprana edad, curioseaba mis escritos y un día me dijo: "¿Cuándo vas a escribirlo, mami? Porque yo quiero leerlo". A ti, mi amor, por motivarme y persuadirme a hacer lo que sentía miedo de hacer. Gracias, mi niño. ¡Te amo!

A mi padre, quien sin saberlo, sembró en mí la semilla que germinaría y se regaría por todo lo que ocupara mi espacio y le diera vida. Un legado de fe; fe en Dios, en mí y en todo lo que hiciera. Por los valores y principios que me inculcó, como la bondad, lealtad, honestidad, trabajo y disciplina, aunque tal vez no fuera la persona más indicada.

A mi madre, que como la verdadera autora de este libro, con su ausencia me hizo crecer fuerte, inquebrantable, resistente y mejor mujer y madre. Al conocerla, me hizo entender y aplicar en mi vida a no juzgar antes de un juicio y a perdonar y aceptar el perdón.

A mis hijas, una dedicatoria especial, porque por ellas y para ellas he vivido, he cometido desaciertos, he intentado dejarme caer y ellas me han sostenido. Ellas, que al nacer, han sido sin decidirlo, la muestra más grande de que Dios existe, que es real e innegable. Ellas, que un día llegaron sin preguntarles si querían llegar, aquí están conmigo, tal vez se quedan o tal vez se van, yo las dejo volar, pues dondequiera que vayan, en mi alma y corazón siempre estarán. A ellas, a las que admiro y amo.

A mis hermanos, que a pesar de nuestros desacuerdos y convivencia infernal, también me enseñaron a ser valiente y a entender que el amor a la familia, sin importar lo que pase, es el que prevalece y es por siempre real.

A mi amiga y hermana Noemí Hernández, quien ha sido siempre un soporte espiritual, moral, familiar y cómplice incondicional en mis decisiones, buenas o malas, con empatía y sabiduría. Esa segunda hermana que ha llenado muchos espacios vacíos en mi vida y en mi corazón. Gracias por existir en mi vida, Noe.

A mi querida doctora Ada Bernard, mi mentora, mi doctora holística, mi fiel consejera, que me ha seguido dondequiera que estoy, en enfermedad, en fiestas, en mis luchas y en victorias. Gracias Ada, por ayudarme a sacar lo divino en mí a través de ti.

A mi querido doctor Marcos Díaz, el único que por más de 20 años se ha dedicado a cuidar de mi salud dental y también espiritual, siendo un fiel creyente y servidor de nuestro Señor. Sin importar la distancia ni la condición, ha corrido a socorrerme y darme la atención que solo un gran hombre, amigo, ser humano y un verdadero profesional hace por vocación. Gracias, mi querido Marcos, el mejor.

ÍNDICE

INTRODUCCIÓN 9

CAPÍTULO 1
    LA INFANCIA DE MI MADRE, ESTHER.. 11

CAPÍTULO 2
    LLEGADA DE DON ANTONIO A LA VIDA DE ESTHER....................... 25

CAPÍTULO 3
    EL PLAN DEL ARRIBISTA, DON ANTONIO 39

CAPÍTULO 4
    LA CASA SOÑADA O DE UNA PESADILLA 55

CAPÍTULO 5
    DECISIÓN TOMADA Y TIEMPO DE EJECUTARLA 73

CAPÍTULO 6
    EL VIAJE DE ESTHER A EE.UU. Y SU PRIMER REGRESO.................. 87

CAPÍTULO 7
    MUERTE DE DON ANTONIO Y UN PACTO QUE CUMPLIR............ 103

CAPÍTULO 8
    CONVIVENCIA FAMILIAR Y UN SECRETO POR REVELAR.............. 119

CAPÍTULO 9
    EL ENGAÑO, LA MENTIRA Y UN COMPROMISO 135

CAPÍTULO 10
    LA NIÑA MILAGRO... 151

CAPÍTULO 11
    LA LLEGADA DE MINDI Y EL DIVORCIO 165

Rosario Suárez
El Perdón A Mi Madre

CAPÍTULO 12
    EL ESPERADO ENCUENTRO ENTRE MADRE E HIJA 181
CAPÍTULO 13
    REBELIÓN CONTRA UNA MADRE Y LO QUE CAMBIÓ SU VIDA 197
ACERCA DEL AUTOR 213

INTRODUCCIÓN

En este libro titulado "El Perdón a Mi Madre y Mi Liberación", con el subtítulo "Renacer Después de la Reconciliación", se presenta una inspiradora historia basada en las vivencias y experiencias de dos mujeres que, sin proponérselo, se vieron obligadas a enfrentar duras batallas en la vida para sobrevivir al abuso y las manipulaciones que a menudo surgen dentro de la misma familia. Una de estas mujeres, sin saberlo ni planearlo, emprendió un camino hacia su destino que también afectó a sus seres queridos, buscando un bien que solo le trajo males, pero aun así logró resultados positivos.

En esta narrativa se exploran situaciones muy reales que podrían parecer inimaginables para algunos, pero que en realidad resuenan en los corazones de otros como un espejo y un consuelo. A lo largo de este libro, se ofrecen herramientas de poder mental y espiritual que te fortalecerán para continuar la lucha incluso cuando te sientas derrotada. Se destacan valores como la fe, la resistencia y la perseverancia para ayudarte a alcanzar tus metas en la vida.

El amor, el perdón, la autoestima, la empatía y sobre todo la fe son poderosas herramientas que pueden enfrentar cualquier adversidad, recordándote que nadie puede vencer contra ti. La búsqueda de paz interior, la alegría de vivir, el entusiasmo por la esperanza y un claro propósito de vida te guiarán hacia el camino correcto para alcanzar la victoria y hacer realidad tus sueños, a los cuales nunca debes renunciar. ¡Resiste, persiste e insiste! ¡La fuerza está en ti!

Rosario Suárez
El Perdón A Mi Madre

CAPÍTULO 1

LA INFANCIA DE MI MADRE, ESTHER

Todo, en aquella época, alrededor del año 1947, a su entender, era lo que ESTHER conocía, de la forma que creció y vivió. Tal vez por su inocencia, la falta de visión de un mundo que desconocía y el ámbito familiar, aunque pobre y tristemente con días oscuros y desalentadores, era su vida, la que ella creía perfecta.

En lo más profundo de su corazón y el lugar más recóndito de su alma, un eco profundo se apoderaba de su mente. De su memoria salían a flote episodios, emociones y secretos tan guardados que, aunque dolorosos, eran sus tesoros más preciados, ya que la hicieron brillar y oscurecer al mismo tiempo en una infancia de poco encanto pero de gran intensidad.

Entre risas y llantos, sus aventuras campestres, otoñales y eterna primavera, no tenían fin. La pobreza extrema que la embargaba le daba la riqueza más grande y apreciada por el ser humano: vivir entre la naturaleza y en el seno de una familia amorosa.

A veces no todo lo que escuchas es lo que realmente es, especialmente cuando las palabras vienen de personas inadecuadas.

Rosario Suárez
El Perdón A Mi Madre

Es también muy triste descubrir que lo que creías una verdad resultaría ser una vil mentira.

Después de largos años de mi vida viviendo la más terrible mentira sobre mi madre, decidí buscarla y escuchar su historia para así poder entender y sostener aquella cruel verdad que podría convertirse en la más cruel mentira y por la cual el corazón de un niño puede ser envenenado y llenarse de los más siniestros pensamientos y dolor.

Fue un día cualquiera cuando, sentadas en un sofá de su modesto apartamento, tomando un delicioso café que ella preparó con mucho amor y delicadeza, la miré a la cara y con voz temblorosa y dudosa le dije: "Mami, ¿por qué no me cuentas cómo fue tu vida? Tu niñez, tu encuentro con mi padre, y me dices por qué nos dejaste a mí y a mis hermanos".

Mi madre me miró tiernamente, con una sonrisa entreabierta casi cerrada, pero sus ojos destellaban una tristeza y un sentimiento reprimido difícil de ocultar. Noté sus manos largas, carnosas, fuertes, con sus uñas largas siempre tan cuidadas y pintadas de color rosa, con aquel estilo tan elegantemente toma su taza por el asa con su mano derecha y, tímidamente, un poco nerviosa con una mirada ausente y evasiva, suavemente acercaba la taza a su boca para lentamente tomar un sorbo y, al mismo tiempo, con una mirada interrogante, como quien trata de ocultar o dudando en soltar sus palabras.

Por un momento me dio la impresión de sentir su inseguridad y vergüenza. Fue entonces cuando instintivamente sentí tocar una de sus piernas sutilmente y le dije: "Cuéntame, quiero escuchar tu verdad, tu versión de los hechos y entender muchas cosas que están vagamente invadiendo mi cabeza, mis sentimientos y que me atormentan, me confunden e inquietan".

Decidida y conscientemente, le dije: "Madre, es tu momento, es nuestro momento y vamos a hacerlo".

Mi madre, luego de unos cuantos sorbos de café, con ese aroma que caracteriza al café dominicano, salía de nuestras tazas y embriagaba aquel pequeño lugar donde mi madre reside. Me miró fijamente y me dijo con lágrimas en sus ojos: "Ay, mi hija, tu madre no tuvo niñez, ni tuvo infancia, ni pubertad, ni nada. Mi padre me robó todos, mis sueños, mi sonrisa y mi vida, aunque a pesar de todo lo recuerdo con alegría. Tuve unos hermanos maravillosos que me llenaron de ternura, de protección y mucho amor".

En ese momento se abrió una compuerta en mi corazón y en mi mente que, sin lugar a dudas, sabía que aquella conversación cambiaría mi vida y que ya no sería la misma. Fue entonces cuando bajé mi mirada tratando de esquivar ser descubierta de mis sentimientos reprimidos y tomar fuerzas para escuchar lo que hacía tiempo quería oír, aunque esto pudiera hacer sangrar más mi herida y la de ella también.

Rosario Suárez
El Perdón A Mi Madre

Luego, mi madre sostuvo: "Hija mía, he sido la mujer más infeliz del mundo, ustedes jamás podrán imaginarse lo que he pasado y todavía sigo pasando". Entonces me llené de dudas más que nunca y le pregunté: "Pero si fuiste tan feliz en tu niñez, ¿por qué te sientes tan triste y desafortunada?".

Con su voz temblorosa y pausada me dijo: "Yo, ESTHER, era una niña con muchas carencias. Mis padres eran campesinos, extremadamente pobres pero humildes y trabajadores. Mi madre tuvo 8 hijos, 7 varones y yo, su única hembra.

Mi madre cuidaba de nosotros mientras mi padre se iba al conuco, en otras palabras, al campo de sembrado, donde el campesino cultiva la tierra y siembra y cosecha vegetales, víveres, frutas y demás. Mi padre se dedicaba a sacar la yuca y en otras ocasiones a cortar tabaco para luego venderlo a los colmados y en las calles a los vecinos y de esta forma traer el sustento diario a la familia, o sea, poner alimento sobre la mesa".

Cuenta mi madre que algunas veces no había ni una cosa ni la otra; la cosecha se echaba a perder o simplemente no era el tiempo para cultivar. Entonces venía la escasez, y pasaban días enteros, uno, dos y hasta tres días sin comer; solo tenían agua de limón y azúcar para tomar, y si acaso aparecía un pedazo de pan o se aparecía alguna gallina que pusiera huevos para hervirlos y comer algo. Según mi madre, por las noches lloraban de dolor de estómago que les producía el hambre, pero su mayor dolor fue el sufrimiento de su madre, triste y sin poder dormir vigilando a sus criaturas con lágrimas rodando por sus mejillas, sabiendo que sus estómagos estaban vacíos.

Un día que pasa y otro que llega, con la esperanza de que algo suceda y sus pancitas dejaran de sonar y de doler. Los varoncitos crecían y empezaron a acompañar a su padre a laborar con él en el campo, mientras ESTHER y su madre se quedaban en casa realizando las tareas del hogar como cocinar, lavar, asear la casa y demás. ESTHER estaba llena de ilusión, de deseos de aprender, de ir a la escuela, pero era casi imposible. Apenas tenía una ropita para todo el día, sin zapatos, y sin comida para alimentarse.

Además, la distancia para caminar era muy larga y no había nadie para acompañarla; sus hermanitos debían madrugar para ir al trabajo y su madre tampoco podía llevarla, pues era mayor y necesitaba su apoyo.

Entre una y otra anécdota, recuerda ESTHER, cuando solía ir a la escuela no la motivaba a volver. Ocurría que, al ir tan pobremente vestida, sin zapatos adecuados y apenas unas chancletas o calizos a veces rotos, sus compañeritos se burlaban de ella, al extremo que la hacían llorar. ESTHER, por tal motivo y para no hacer sentir peor a su madre, le hacía creer que iba a la escuela, aunque en realidad se quedaba jugando por ahí con una amiguita hasta que pasara el tiempo de volver a casa. Por tal razón, siempre reprobaba los cursos y solo logró aprender a leer y escribir.

Rosario Suárez
El Perdón A Mi Madre

Una vez que los chicos iban creciendo, dice ESTHER que su padre iba despojándose de su responsabilidad y la pasaba a sus niños, quienes comenzaron a tomar más trabajo en el campo y a sentir el peso de un deber y obligación, la carga de una familia, mientras tanto, su padre se tomó el rumbo de la calle, vivía de bar en bar cantando y haciendo de bohemio, sin dinero pero divirtiéndose como podía.

Mientras ESTHER relataba con tristeza, llanto y frustración sus vivencias de niña, yo comencé a imaginar, visualizar y conectarme con cada una de sus palabras; podía sentir, ver y palpar su dolor que estremecía mi cuerpo y me angustiaba enormemente. Podía imaginarme como si estuviera allá en ese lugar y ser yo su cuerpo, su mente y viviendo su vida.

"La historia apenas comienza", exclamó ESTHER. Pasaron unas horas para continuar relatando su historia y desahogando sus penas y melancolía en un relato que parecía no tener fin.

Mi madre relata que cada día era peor; además de la pobreza que vivía, se sumaba el abandono de un padre callejero, cometiendo infidelidades y fumando tabaco sin cesar, sin importarle llegar a casa ni mucho menos si tenían algo para comer. Ella y sus hermanos dormían en el suelo, sobre la ropa de todos, ya que no tenían colchón, y sus padres en una pequeña cama de hierro forrada con trapos viejos. No solo eso, sino que el piso era de tierra, y a veces sentían los grumos de arena o piedras a través de la ropa que usaban como cama. Me contaba que amanecían adoloridos y, a veces, completamente mojados debido a que algunos de sus hermanos solían orinarse durante el sueño.

A pesar de tantas vivencias tristes, de pobreza extrema, privaciones y necesidades, ella sonríe al recordar cómo se divertía con sus hermanos, corriendo por el campo y jugando a las escondidas en momentos en que escapaban de su padre con cualquier excusa para darse entre ellos un poco de sana diversión.

ESTHER cuenta que le daba tanto gusto recoger hojitas rojas que brotaban de una flor llamada Cundiamor, así le llamaban en el campo. Con ellas, se pintaba las uñitas, viendo cómo otras niñas lo hacían. Era feliz viendo sus uñas pintadas, aunque el color desapareciera tan pronto como se mojara; mientras tanto, disfrutaba del momento. Añade que los varones se deleitaban jugando a la pelota, armando ellos mismos sus bolas con pequeños retazos o sobras de tela que su madre utilizaba cuando les arreglaba la ropa.

Creció viendo a su madre remendando y le tomó amor a la costura, de ahí creció su pasión y sueño de algún día ser costurera.

ESTHER trajo a su mente hermosos recuerdos en medio de su nostalgia y frustración, recordando su pasado. En aquellos momentos, su madre, Doña Fernández, como le decían, le acariciaba el pelo y la llamaba mi negrita, a pesar de tener la piel blanca. De sobrenombre la llamaba Negra y de cariño negrita.

Rosario Suárez
El Perdón A Mi Madre

Recuerda con furor cómo su madre la protegía, como una leona celosa de sus cachorros. Si algún niño la miraba o algún amigo de su padre venía a casa a tomar café, se ponía furiosa y no permitía que se le acercaran. Era su única niña, su tesoro, su amor. Rememora con ternura todo ese amor y protección de parte de su madre, algo que su padre no le daba de igual manera a ella ni a sus hermanos.

Súbitamente, ESTHER hace una pausa y lágrimas ruedan por sus mejillas; con mucho sentimiento expresa que había un tormento muy grande en su corazón, algo que le clavaba como una espina cada vez que lo recordaba. Fue aquel día, aquel momento en que tuvo que escuchar de la boca de su padre que alguien quería llevársela para criarla, para darle todo lo que ellos, como padres tan pobres, no podían proporcionar. Escuchó a su madre decirle que cómo se atrevía a insinuar algo así, siendo ella su única niña, el regalo que Dios les había dado: "En ese momento, se desplomó como un ídolo de barro. No solo rompió mi corazón, sino también la imagen que existía en mi mente sobre mi padre; me cortó las alas y sentí que todo el poco amor que me había dado era una mentira".

A pesar de todo, entre lágrimas y pausas para tomar fuerzas, continúa sus relatos, que aún son calamidades y tormentas que tuvo que atravesar. Entre palabras entrecortadas, relata otro suceso que marcó el comienzo de una nueva vida para ella. Asegura haber tenido entre 7 u 8 años cuando, viviendo a la orilla de un riachuelo, este se convirtió en un brazo de mar alrededor de la medianoche.

CAPÍTULO 1

El río creció, y el sonido abrumador, fuerte y furioso del agua se hacía sentir. Todos despertaron, sintieron la tierra moverse, y esto los despertó, saliendo precipitadamente de sus casas y abandonando todo sin tiempo para recoger ni siquiera una cobija. El siniestro río, furioso y decidido a llevarse todo por delante, arrastró su humilde ranchito. Aunque algunos moradores no lograron salvarse, ellos escaparon de lo que podría haber sido un desastre natural implacable.

ESTHER cuenta que, en cuestión de minutos, escucharon los gritos de las demás personas de la comunidad huyendo del pavoroso suceso ocasionado por ese pequeño arroyo. Desde ese momento, sus vidas se convirtieron en una triste y desesperada aventura para aquellos que perdieron sus casas y otros a sus seres queridos. Comienza un nuevo episodio en sus vidas, vivir a merced de la bondad y caridad de sus vecinos, que les ofrecían albergue por un par de días hasta que pudieran establecerse en algún lugar.

En un pueblo llamado Bonao, bastante alejado de su residencia en Baitoa, municipio de Santiago, la segunda capital de la República Dominicana, se encontraba su hermano mayor. Este había salido primero que los demás, enamorándose e independizándose a temprana edad, mudándose a ese hermoso pueblo llamado Bonao.

Fue allí donde su hermano lograba ganarse el sustento para él y la familia que había formado. Al enterarse del suceso, corrió inmediatamente a ayudar a sus padres y hermanos. Fue entonces cuando les propuso llevarlos consigo al mismo pueblo, prometiéndoles conseguir trabajo para sus otros siete hermanos varones.

Sin vacilación y sin otra opción, los padres de ESTHER tuvieron que aceptar la propuesta de su hijo mayor e irse con él a ese pueblo llamado Bonao. Ella me dice: "No había otra propuesta, solo irnos y nosotros aceptar". Recuerda una frase que escuchaba de sus ancestros, sin conocer su origen, pero que la recuerda y dice: "El que no sabe a dónde va, cualquier camino le sirve". Una vez establecidos allí, en una modesta casita donde convivían todos, sus vidas comenzaron a tomar un nuevo rumbo. Los varones consiguieron trabajos limpiando patios, desyerbando, cortando gramas, podando árboles, lavando carros y cualquier otra tarea que surgiera. Su abuela se dedicó por un tiempo a trabajar como empleada doméstica en casas de familia, y su abuelo, debido a su avanzada edad, tuvo más dificultades para encontrar trabajo, pasando sus días fumando tabaco y, ocasionalmente, vendiendo algo por las calles para colaborar con los gastos del hogar.

ESTHER quiso comenzar a estudiar, pero solo logró llegar hasta el tercer curso debido a muchas dificultades para aprender. Me cuenta que no le gustó el pueblo; tan pronto llegó, ya quería regresar a su campo, donde, a pesar de todo, era feliz. Empezó a extrañar su casita pobre pero con su familia, sus vecinos y aquel amiguito que dejó atrás, su mejor amigo, a quien recordaba y añoraba ver.

CAPÍTULO 1

No pasó mucho tiempo antes de que ESTHER empezara a deprimirse por la falta de su casa en el campo y por sentirse extraña en un pueblo de gente, según su hermano, muy chismosa. Se sentía acorralada y temerosa de salir a las calles, ya que todo le parecía tan distinto: las calles asfaltadas, las casas grandes y bonitas con colores brillantes, las enormes galerías y los espectaculares patios. Pero su felicidad no estaba ahí; lo atractivo, innovador o moderno no llamaba su atención.

Solo pensaba en su campo, en su piso de tierra, en los ríos que le rodeaban, en los montes donde tiraba piedras a las matas de mango para comerlos frescos, o tal vez una que otra fruta en el camino. Extrañaba a los perros flacos casi muertos de hambre corriendo alrededor de las casitas y rebuscando un hueso por ahí tirado para comer, o simplemente verlos beber agua fresca de los arroyos adyacentes. Era feliz al escuchar cada mañana el canto de los gallos dando los buenos días a los habitantes de la comunidad, despertando a todos para empezar a buscar el pan de cada día. Era feliz al levantarse e ir a la parte trasera de la casa, donde en una tinaja mantenían agua fresca del cielo, agua de lluvia, y con un pequeño pocillo sacaba la necesaria para lavar su cara y, con un dedo, cepillaba sus dientes y enjuagaba su boca. No existía para ellos la pasta dental ni el cepillo de dientes, pero usaban sus dedos y les era suficiente. También me cuenta que usaban hojas de tabaco para limpiar sus dientes; las masticaban o se las pasaban por las encías para evitar la acumulación de placas.

Rosario Suárez
El Perdón A Mi Madre

Mi madre me cuenta que cada día era toda una aventura. Bañarse en el arroyo era como disfrutar del mejor jacuzzi o la piscina natural más increíble de su vida.

Entraban tanto el perro como el niño, el adulto y hasta ranas y sapos salían de entre las piedras. Era una delicia atraparlos y jugar con ellos.

Mientras escuchaba este relato de mi madre, percibía que para ella era un proceso emocional. Veía su necesidad de ser escuchada, de liberar todas esas emociones guardadas y reprimidas. A través del llanto, su enojo y la tristeza que la embargaban, finalmente se desahogaba con todas esas experiencias de vida. A pesar de todo, y sin entenderlo completamente, esas vivencias le provocaban felicidad al mismo tiempo.

Con el paso de los años, no le quedó más opción que acostumbrarse a su nueva vida. La niña que llegó a ese pequeño pueblo a los 7 años ya era una señorita de 16. Era admirada por su belleza, conocida como "la Española" por sus rasgos físicos europeos. Alta, de piernas gruesas, fuertes brazos, pelo castaño y largo, nariz larga, boca de labios finos y unos ojos alargados y expresivos. Sus pómulos salientes revelaban la mezcla de razas, ya que su madre tenía ascendencia indígena y su padre, francesa.

Aunque no había tenido una educación formal, poseía una educación y clase natural. Se notaba que "se nace, no se hace", como decían, parecía destinada a ser reina. Sus ademanes, modales, comportamiento, sutileza y porte elegante, junto con una forma especial de tratar a las personas con respeto, humildad y serenidad, la distinguían.

Fue entonces, a los 16 años, en un día cualquiera, cuando esta joven tímida, acostumbrada a quedarse en casa con su madre, se despertó y se dirigió a la parte trasera de la casa. Al abrir la ventana, se asustó y sintió mucha curiosidad y miedo al mismo tiempo.

Rápidamente cerró la ventana y corrió hacia sus padres, gritando que quería irse de la casa y mudarse al campo. Sus padres, curiosos y sorprendidos, corrieron al lugar para asegurarse de lo que asustó a su hija.

Sin saberlo, desde ese día su vida tomaría un rumbo diferente. Su destino le deparaba lo inimaginable, tal vez bienestar o fatalidad. Sin duda, otro capítulo en su historia estaba por comenzar.

Rosario Suárez
El Perdón A Mi Madre

CAPÍTULO 2

LLEGADA DE DON ANTONIO A LA VIDA DE ESTHER

Era una mañana muy soleada en aquel pueblo pequeño, donde la gente, a pesar de ese calor intenso y pegajoso causado por un verano eterno, vivía rodeada de ríos caudalosos y montañas espectaculares, majestuosas, imponentes. Parecían abrazar el paisaje junto a sus moradores, destilando un sentimiento de paz y frescura, al mismo tiempo que se caracterizaban por una belleza natural. Poseían una altivez y un orgullo tan visibles que inspiraban a sus habitantes a querer elevarse y llegar a la cima.

Total e indescriptiblemente poderosas, atrayentes y dominantes, así se describirían las montañas de ese pueblo llamado Bonao, Monseñor Nouel, también conocido como la "Villa de las Hortensias". ¿Por qué este nombre Bonao y la denominación "Villa de las Hortensias"? Su nombre tiene una historia bonita y cultural. En este pueblo, abunda una flor hermosa llamada hortensia, con unas 70 variedades y un olor peculiar, seco y perfumado, originaria de Brasil. Su nombre original es Hydrangea. Esta flor varía en colores, como el azul intenso del cielo, el lila morado espectacular, el rosa, el verde como las esmeraldas, entre otros, algunos formando un arcoíris. El nombre Bonao proviene de un Cacique Taino que gobernaba esas tierras a la llegada de los colonizadores españoles en 1492.

Es aquí donde ESTHER fue trasladada desde su campo natal llamado Baitoa, en Santiago de los Caballeros, que ha pasado a ser la segunda capital de la República Dominicana debido a su desarrollo cultural, expansión geográfica y notable aumento de población. Fue llevada ahí por el desastre natural que sufrieron al desaparecer su humilde hogar en Baitoa, donde residía con su familia. Nunca imaginó su nueva vida y el destino que apenas comenzaba a mostrar sus primeros indicios del camino a recorrer.

Aquella mañana, al levantarse de su cama, lamentó que ya no la despertara el dulce cantar de un alegre gallo, cuyo canto actuaba como una alarma biológica que despertaba a todos con un tarareo encantador, imposible de reemplazar por ningún reloj creado. Los gallos en el campo marcan su territorio al cantar, alertando a las gallinas cercanas. También cantan por la mañana como instinto natural para percibir la luz del día, y por la noche al ocultarse el sol.

Lamentablemente, no fue este hermoso canto lo que despertó a ESTHER, sino el ruido ensordecedor e inesperado de las bocinas de los carros, los camiones cargadores de arena con gomas dobles llamadas Mellizas, y las motocicletas, conocidas como motoconchos. Este nombre compuesto proviene de "moto" (motor) y "concho", una expresión dominicana, que se usa como sinónimo de "coño", la cual no es una palabra bonita ni amable y ya suena como algo normal sin que las personas se enojen o se ofendan. Luego, para hacerla sentir menos pesada o desviar su verdadera intención, la invirtieron por "Concho". De ahí viene el "Motoconcho", un taxi en motocicleta que aceleraba su motor, haciendo un estruendoso ruido que la hacía saltar de la cama.

Después de un ligero aseo matutino, se dirigió a la sala para abrir las ventanas de la humilde casa y dejar entrar el resplandor del sol, que iluminaba su hogar y transportaba la energía y luz que solo el sol sabe dar. Su sorpresa fue enorme al ver algo que ESTHER nunca había visto. Con voz tímida y avergonzada, hizo un gesto de asombro. Imagino en mi mente lo que ella sentiría o le pasaría en ese momento: su frente marcada por finas líneas como señales del tiempo transcurrido, sus cejas levantadas tratando de agrandar sus ojos pequeños, casi cerrados y cansados, y su boca entreabierta como si no pudiera pronunciar una palabra, pero con esfuerzo así lo hizo.

Abrió sus brazos, aún fuertes, y sus manos finas, grandes y gruesas. Levantó un poco sus hombros y exclamó: "Muchacha, vi a un hombre bajar de un camión grandísimo parqueado al lado de mi casa, de color rojo con unas gomas que nunca había visto, y cargado de arena en su parte trasera, acompañado de alguien más, otro hombre que no recordaba porque su enfoque solo fue en el señor". ESTHER continuó: "No fue eso lo que me asustó, sino el señor que bajaba del camión. Parecía un monstruo, grande, negro, con ojos grandes, sin dientes en la parte superior, solo cuatro dientes en la parte inferior, amarillos, cariados. Lucía muy descuidado y para colmo, calvo, sin cabello, un señor viejo. Al mirarme por la ventana, admirado, me miró fijamente y dijo: 'Pero por Dios, ¿cómo es que caen los ángeles así del cielo?'". "Lo recuerdo perfectamente -exclamó ESTHER-, porque al hablarme tan fuerte y vigoroso, pude ver su boca, lo que me impresionó aún más que su rostro. Por eso me eché a correr y fui a la habitación de mis padres, muy asustada, y les conté lo sucedido.

Sus padres, asustados al ver la angustia y el miedo reflejados en el rostro de ESTHER, se levantaron rápidamente de su cama. Tomaron batas apoyadas sobre el borde de su cama, se cubrieron sus cuerpos en pijama y se dirigieron al lugar del hecho que tanto impresionó a su hija. Indudablemente, la única asustada y sorprendida fue ESTHER. Desde ese momento, como si tuviera un presentimiento, su corazón comenzó a latir más fuerte, no solo de miedo y sorpresa, sino al ver la reacción de su padre, que al ver a aquel señor, sin más preámbulo, inició una conversación muy amena con el señor Don Antonio. Mi padre le mandó a entrar a la casa y le ofreció un café. Aquel señor feo y viejo, como lo describió ESTHER, estaba sentado en la sala de su casa, muy cómodo, entretenido conversando con su padre, dándose a conocer uno al otro, y con su mirada puesta en ella, lo que le aterrorizaba aún más.

Las horas pasaban y el señor aquel no se iba. Al contrario, se ofreció a quedarse a comer y se dispuso a comprar todo lo necesario para hacer la comida. Era obvio que notó nuestra precaria pobreza y la humildad de mi familia. ESTHER dijo que, a pesar de ser muy joven con apenas 16 años, pudo sentir lo agradablemente que su padre había conectado con el allegado, como lo admiraba y adulaba. ESTHER asegura que el señor ya tenía claro que algo quería de su casa, pero no imaginaba qué podría ser. Bajo su inocencia y su poca experiencia de vida, no le permitían pensar ni siquiera imaginarse algo diferente, más que le cayó en gracia a su familia y su padre también se agradó de él.

Le tocó a ESTHER servir el café y luego también ayudar a preparar el almuerzo para los invitados, almuerzo que el señor había propuesto que hicieran y que se ofreció a comprar todo, una actitud que desde luego agradó a su padre, siendo notorio para Don Antonio que nuestras carencias eran muchas. Transcurrieron un par de horas entre conversaciones, tragos, algo que notó enseguida y que en su familia no estaban acostumbrados a hacer, y a este hombre le gustaba bastante tomar, ya que fue lo primero que ofreció comprar y se dispuso a tomar muy alegremente.

Por allá en la sala se encontraban los hombres en conversaciones muy amenas, que a través de las paredes que separaban la cocina de la sala se podía escuchar sus carcajadas de las historias, chistes, cuentos y adivinanzas que entre ellos compartían. Y claro, embriagados e inhibidos a causa del alcohol, se podía notar y sentir su entusiasmo, alegría y cofradía que ya habían tejido o entrelazado entre ellos. Al igual, expresaron ellos su desesperación por comer cuando gritaban: "Dios mío, ¡Qué olor emana desde esa cocina! ¿Cuándo estará lista esa comida, mujeres?". Saboreaban esos platos únicos de la República Dominicana: un rico moro, pollos guisados en salsa roja, plátanos maduros fritos y una rica ensalada verde, todo cosechado naturalmente, orgánico, sin pesticidas, sin hormonas.

Los hermanos mayores de ESTHER llegaron después de una jornada de trabajo, cinco de ellos. Saludaron con asombro al ver a aquel extraño en su casa, pero tan amigablemente conversando con su padre.

Se presentaron con ellos extendiendo sus manos fuertemente, unas manos de hombres de trabajo, fuertes, callosas, rústicas y firmes, algo que Don Antonio no pudo evitar notar y expresar. Se dirigieron a asear sus manos y luego volvieron a la sala para interactuar con los demás, para involucrarse o poder enterarse de qué estaba pasando y qué buscaban esos hombres en su casa.

La señora Fernández, su madre, le pidió que anunciara a los hombres venir a la mesa a comer, y así lo hizo. Una vez allí, todos sentados, se miraban unos a otros, los invitados con una sonrisa de agrado, de disfrute, como quien al oler y ver, pero sin probar todavía, ya podía sentir su sabor. La madre de ESTHER afirmaba que cocinaba como una experta. Cuenta que las personas al pasar por la acera de su casa solían exclamar: "¡Woow, qué rico aroma, ahí se come bien!". ESTHER sonreía con orgullo al oír esto, sabiendo que su madre era la responsable de esos comentarios tan acertados y halagadores.

Comían sin parar, no dejaban descansar el tenedor ni la cuchara. Era como si apostaran a ver quién comía más y con mayor rapidez. No pude evitar sonreír al escuchar esto y al ver la expresión de ESTHER en su rostro al contarlo. Dijo ESTHER que parecían "buitres acabando con la presa", y el señor feo, sin dientes, parecía tragar la comida y no poder respirar. ESTHER pensaba que se tragaba la comida ya que le faltaba su dentadura para hacerlo. Todos exclamaban: "Esta señora se merece un premio, aquí vendremos a comer cada vez que podamos"; o sea, ya estaba predestinado que la madre de ESTHER fuera su cocinera personal todos los días.

Doña Fernández, de carácter fuerte, siempre al acecho y a la defensiva como leona cuidando de sus cachorros, no se le quitaba del lado a su hija, vigilando las miradas extrañas de aquellos invasores. Como madre al fin, sus instintos de mujer madura, sabia y sobre todo madre, experimentada y sufrida, este suceso le dejó bien claro en su corazón que algo pasaría y ella debía estar alerta para evitarlo.

ESTHER recordó que su madre le había dicho que las miradas de ese señor sobre ella no le gustaban, que notó y sintió otra intención y no era buena. ESTHER, su hija, dijo que no entendía, ya que era un señor mayor de unos 59 años que podría ser como su padre y que ella lo atendía por petición de su padre, Don Fernández, como le llamaban. Pero al conocer ella a su esposo, lo descuidado, lo vago e indiferente a situaciones peligrosas referente a una niña, ella se percataba de desempeñar su papel de madre cien por cien y de padre también.

Pasada la comida, la tertulia, las risas, los cuentos, la bebedera y todo lo demás, llegó el momento de despedirse y retirarse cada uno a su casa. Fue entonces cuando la madre de ESTHER aprovechó el momento para fijarse detenidamente en cómo se despedía el señor feo y grande que, como intruso, llegó a su casa y se apoderó de toda la atención de su esposo e hijos, de tal forma que no vacilaron en invitarle de nuevo a repetir la visita.

El señor, llamado Don Antonio, encantado con la invitación, no vaciló en responder positivamente y ofrecer de nuevo traer todo lo necesario para comer, además de pedirle a la madre de ESTHER que por favor cocinara para ellos otra vez.

Doña Fernández no dudó ni un segundo que sus presentimientos eran ciertos. "La experiencia no se improvisa", exclamó Doña Fernández, dando unos pasos adelante, firme y enojada, como solo ella demostraba el enojo, dándose unas palmadas en sus piernas y sacudiendo su falda de un lado a otro, como si quisiera desprenderse de ella al momento de marcharse Don Antonio. Muy enojada, reclamó a su esposo, Don Nando, su actitud tan sumisa y osada de darle cabida en su casa y en su mesa a un desconocido, y no solo eso, sino también permitirle beber alcohol e incluso extenderle otra invitación sin consultarlo con ella, sin tomar en cuenta que en la casa había una señorita que debían cuidar y no exponer ante extraños de esa manera.

De nada sirvió tal reclamo ni tal queja. Don Nando replicó que ese señor parecía buena persona y, además, se le notaba que era un hombre de negocios y de dinero, lo que podía servirle para conseguir un trabajo, incluso para sus hijos. Claramente, por la cabeza del padre de ESTHER ya había una intención, sin saber lo que le costaría asumir tal expectativa de ese desconocido.

Don Antonio apareció aquella mañana bien temprano, cargado de mercado, llevando de todo lo que pudieran necesitar no solo para un día, sino para una semana: verduras, carnes, frijoles, ensaladas, frutas y mucho más. Ya se creía parte de la familia y muy sabiamente logró meterse en el bolsillo al pobre viejo Don Nando, que solo pensaba en conseguir fácilmente acomodo en su vida, sin importar a quién sacrificaría.

Tan pronto llegó a la casa, preguntó por la niña, algo que no fue del agrado de la madre, Doña Fernández. Ella misma le respondió con otra pregunta: "¿Para qué la quiere?" Porque preguntaba por ella, y él sabiamente le contestó: "Traje un pequeño obsequio para la joven que tan amablemente ayudó a su madre a preparar los alimentos y tan cariñosamente nos atendió a mí y a mi empleado." Doña Fernández le respondió diciendo que no era necesario, que era parte de sus quehaceres como mujer y como hija, el deber de ayudarle, y que podía llevarse su regalo para atrás, que no lo aceptaba. Pero en ese momento salió ESTHER de la habitación, y Don Antonio atrevidamente le mostró el regalo.

ESTHER, que nunca, jamás, nadie le había dado algo, se sonrió y tímidamente lo aceptó, no sin antes dar una ojeada a su madre en busca de aprobación. Doña Fernández le dio un manotazo, o sea, una pequeña palmada para que soltara. Cayó el regalo al piso, y muy avergonzada, ESTHER le dijo: "Pero madre, déjame aceptarlo". Su madre se sintió intimidada al ver su emoción con el regalo y así le permitió aceptarlo. ESTHER, entusiasmada y deslumbrada, abrió rápidamente su regalo, casi destrozando el papel, y miró aquello que más se acostumbraba regalar: telas finas para un buen vestido.

ESTHER sonrió ingenuamente y no creía lo que sus ojos veían: aquel rollo de tela color azul turquesa y un rollo de encajes blancos, además del hilo para que se mandara a hacer un vestido a su gusto. Don Antonio le explicó emocionado y complacido que esa tela era importada de Puerto Rico.

Le dijo que él se la compraba a una señora que viajaba al exterior, o sea, fuera del país, específicamente a Puerto Rico, para vender telas en República Dominicana.

Para esa época no existían ropas hechas en las tiendas; la gente compraba las telas y las llevaba a su modista o costureras caseras para confeccionar sus vestidos como quisieran, y los hombres llevaban sus telas donde un sastre, así les llamaban.

Instintivamente, la madre de ESTHER, Doña Fernández, al ver el entusiasmo y alegría de su hija al recibir aquel regalo, supo que algo extraño o mejor dicho sospechoso estaba pasando o iría a pasar. Fue entonces cuando Doña Fernández tomó la decisión de tener una buena y seria conversación con su esposo referente a la jovencita, a su hija, que sin duda alguna ya le estaban poniendo los ojos encima.

Transcurrido un tiempo, mientras el señor Don Antonio cada día se apoderaba más y más de la voluntad y la autoridad del padre de ESTHER y le conquistaba sutilmente con sus ofrendas, dádivas y adulaciones, en forma de manipulación mental, si bien se pudiera decir, para ganarse su afecto y aprobación para lo que indudablemente ya estaba maquinando en su mente. Don Nando, el padre de ESTHER, ya no era dueño de sus decisiones en esa casa, porque cuando Don Antonio llegaba, llegaba su gran amigo y adulador, porque sin darse cuenta, el señor Don Antonio lo tenía en un proceso de lavado de cerebro y en sus manos, ya que constantemente lo deslumbraba con su poder de dinero y con su intelecto.

Don Antonio se caracterizaba, según cuenta ESTHER, como un hombre muy inteligente. Sabía expresarse como todo un profesional, ya que, a pesar de que nunca fue a una escuela, fue un autodidacta, estudió por sí mismo, y cuentan que era famoso por sus letras tan perfectas y claras como pocas había en ese pueblo, incluso su firma era reconocida en todos los comercios o lugares de negocios en dicho pueblo, Bonao.

Además de ser inteligente, audaz y muy humilde, a pesar de ser un mujeriego y alcohólico, era un hombre sumamente estable económicamente y un empresario exitoso. Era dueño de una gasolinera y tenía una compañía de construcción, razón por la cual llegó a su casa ese día en un camión gigante donde transportaba la arena que utilizaban para construir casas y carreteras. Poseía unos 5 camiones de transporte de arena, bloques y todo material de construcción. Era dueño de varias casas, las cuales todo el pueblo las reconocía donde quiera que estuvieran, por su peculiaridad de colores. Don Antonio estaba obsesionado con el azul y blanco, así que todas sus casas y negocios estaban pintados con esos colores.

El próspero y audaz Don Antonio ya tenía su cama bien tendida. Estaba seguro de que la manipulación al señor Fernández había funcionado y, sin más preámbulo, el cazador se lanzó por su presa. Sin lugar a dudas, el trabajo hecho por este hombre dejaba huellas de sabiduría, de malicia y, sobre todo, de un trabajo de manipulación mental bien elaborado, ya que era innegable que se había apoderado de la actitud del padre de ESTHER. Su conducta, sus decisiones y sus sentimientos habían sido seducidos y persuadidos magistralmente.

Era evidente que este señor Don Antonio llegó a la vida de ESTER y su familia por el poder, el poder del dinero, de la manipulación y de la experiencia que no se improvisa. Se mostró como el héroe, demostrando ser el liberador de miseria o pobreza de una familia para el insignificante y sin capacidad de entender o captar sus verdaderas intenciones.

Si bien es cierto que fueron manipulados y sabiamente dirigidos para un propósito, también lo es que sus vidas cambiaron. Los hermanos de ESTHER empezaron a trabajar en la compañía de construcción de Don Antonio. Sus recursos económicos aumentaron, su estilo de vida se hizo notorio y significativo, tanto de ESTHER como de su familia.

Rosario Suárez
El Perdón A Mi Madre

CAPÍTULO 3

EL PLAN DEL ARRIBISTA, DON ANTONIO

Don Antonio era un hombre muy conocido en el pueblo de Bonao, Monseñor Nouel, de República Dominicana. Según el relato de ESTHER, el señor Antonio era muy querido y respetado por su gran carácter que lo caracterizaba: fuerte, dominante y apasionado. Era apasionado en todo lo que hacía y en el amor de las mujeres. Al mismo tiempo, era bondadoso, humilde, responsable y muy trabajador. Además de todo esto, era organizado, constante, disciplinado y muy exigente con el perfeccionismo; todo tenía que quedar bien y a tiempo.

A pesar de ser un empresario, Don Antonio no dejaba a un lado sus raíces. Venía de una familia pobre, pero muy humilde, y a pesar de no haber asistido a ninguna escuela, aprendió a educarse por sí solo. Le llamaban el Autodidacta. Escribía perfecto en su idioma, el español, y leía perfectamente. Era un genio en las matemáticas y sabía de ingeniería como si hubiera graduado en esa área. Se dedicó a leer mucho sobre esto, ya que su trabajo requería conocimiento sobre constructoras.

Don Antonio fue una leyenda. La gente en el pueblo contaba sus hazañas porque, además de todas las cualidades y valores mencionados anteriormente, era un hombre de gran estatura, con una estructura ósea envidiable, fuerte y muy desarrollada; parecía un fisiculturista. Presumía de una personalidad carismática y al mismo tiempo manipuladora y muy extrovertida.

Su estructura corporal estaba desarrollada a causa de los trabajos pesados que ejecutaba, que requerían fuerza física, tales como ser camionero, recogedor y cargador de arena, cargando bloques de cemento para construir casas y edificios. Estas experiencias no solo desarrollaron su fortaleza física, sino que también le dieron habilidades para hacer negocios. Esto lo motivó a iniciarse como empresario y a ser dueño de su propio negocio, alcanzando el éxito.

Uno que otro por ahí contaba que, cuando uno de sus camiones fallaba en medio del camino a su destino, no era necesario buscar mecánicos, él sabía hacerlo todo, como cambiar sus gomas mellizas y usar las herramientas. También cuentan que era bien recto y no toleraba disputas ni ofensas de nadie. Al armarse cualquier pelea en algún bar que estuvieran, había grandes problemas porque el señor era un buen peleador y muy guapo, no tenía miedo a nada ni a nadie. Dicen que a quien le daba una bofetada, barría el suelo y al sujeto se le iban todos los dientes. Fueron varias ocasiones en las que sus empleados tuvieron la oportunidad de presenciar ese tipo de sucesos a su lado y lo contaban con tal orgullo que parecía que deseaban estar en su lugar.

CAPÍTULO 3

Don Antonio era generoso. No vacilaba en dar de comer a quien tenía hambre. Dicen que no producía dinero para guardar, sino para invertir. El señor Don Antonio tenía una filosofía de vida muy de él y, con respecto al dinero, practicaba como su ley producir para reproducir y crear oportunidades de empleo. Don Antonio era feliz de ver cuántas familias podían sustentarse con su trabajo. Solía decir que cada día era un milagro de Dios, ya que era muy creyente.

No hacía nada sin encomendar todo a Dios, quien era para él su guía y protector, aunque resulte contradictorio, ya que vivía completamente una vida sentimental muy desordenada. Era un infiel por naturaleza.

Es realmente confuso escuchar hablar de una persona con tantas cosas buenas, tantas virtudes y tantos elogios positivos, pero al mismo tiempo la misma persona poseía tales aspectos negativos como ser un alcohólico, mujeriego, manipulador y promiscuo. Ni siquiera eran notorios, al ser opacados por su bondad y su personalidad en la vida de quien le conociera.

Una vez que Don Antonio llega a la vida de ESTHER, todas esas características fueron reveladas, excepto su vida personal. Una vida única y común en los hombres de esa época, allá por los años 1900. Don Antonio tenía unos 59 años, no bien recordados por ESTHER. Al llegar a la vida de ESTHER, teniendo ella 16 años, cosa que obviamente representa una diferencia de edad abismal entre una adolescente y un adulto.

Más tarde, la familia de ESTHER, o mejor dicho, sus hermanos que trabajaban para Don Antonio, descubrieron y alertaron a sus padres inmediatamente que este hombre estaba casado, que su unión matrimonial tenía muchos años y tenían una única hija legítima llamada Flordelisa, cuya madre era Doña Andrina. Ambos tenían aproximadamente la misma edad. Lo más triste de todo esto es que el señor Don Antonio, como se usaba en esa época, era un Don Juan, como se les llamaba a los hombres que tenían dinero y muchas mujeres, precisamente porque podían hacerlo o mantener a más de una o dos o tres.

Don Antonio tenía 6 concubinas y, con su esposa, eran 7 mujeres a su cargo. Esto no pareció tener importancia para el padre de ESTHER, pues según él era considerado algo normal en esos tiempos y sin ningún interés más que el aporte que hacía a la familia. Ignoró completamente tal hallazgo. Sus relaciones personales continuaron sin ninguna interrupción y mucho menos algún reclamo, juzgamiento o comentario sobre él. Simplemente todo siguió igual, y Don Antonio continuó visitando la casa y elaborando su plan de conquista. Don Antonio se enteró de lo que sus empleados andaban comentando y enseguida e inteligentemente tomó acción. Inició un plan de ataque positivo con los hermanos de ESTHER, a cada uno de ellos les cambió de puesto, haciéndoles sentir importantes y apreciados.

A algunos de ellos les ofreció casas y les compró motores para transportarse de un lugar a otro sin problema. O mejor dicho, llegar al trabajo en su propio móvil, algo que además de sorprenderlos, les cayó como anillo al dedo. Pues se gastaba mucho en transporte y esto les ayudaba a economizar dinero, comodidad y tiempo para llegar a su trabajo.

La vida les cambió a todos significativamente. Fue tan obvio el bien que Don Antonio había hecho en aquella familia, al punto de que los celos y la envidia no se hicieron esperar y empezaron a dar sus frutos. El pueblo, como decían sus padres, "pueblo pequeño, infierno grande", iniciaron una campaña de celos, rabia y envidia que abarcaba no solo a la familia sino también a todos sus allegados, amigos, conocidos, etc. Pero el ataque más grande e inesperado estaba al acecho, esperando el momento oportuno para atrapar a su presa.

Ya habían pasado varios meses, y la relación de amistad entre la familia de ESTHER y Don Antonio era cada día más estrecha. La dependencia económica y, hasta cierto punto, emocional de aquella familia era cada vez mayor. Los padres de ESTHER, según cuenta ella, se sentían atrapados, endeudados, entre tanta ayuda, tanta amabilidad, tanto apoyo económico, moral y familiar. Hasta cierto punto, veían a Don Antonio como su salvador, como ese ángel que Dios había enviado para ayudarles a sobrevivir en este mundo terrenal. La admiración del padre de ESTHER, Don Fernández, y el agradecimiento que sentía por Don Antonio eran demasiado grandes como para negarle cualquier petición que este hiciera. Pero

¿quién podría imaginarse que tal pedido sería lo más doloroso e insólito para algunos miembros de la familia?

Aquella tarde lluviosa, donde solo se oía un estruendoso ruido de rayos y truenos provenientes del cielo, nubes negras oscurecían el pueblo indicando el mal tiempo de lluvias y ríos desbordados. Sí, porque eso solía pasar. Lluvias tan intensas como esas podían provocar el desbordamiento de los ríos, al punto de arrastrar cualquier casa cercana y obligar a la evacuación del lugar. Llovía intensamente, seguido por un apagón, como le llaman en República Dominicana popularmente a la interrupción de la energía eléctrica que nunca faltaba en tiempos de lluvias debido a los tendidos eléctricos, visibles en las calles y aún peligrosos.

ESTHER estaba en la galería de su pequeña casa, sentada en una mecedora hecha de madera de caoba, conocida por la calidad de la madera, el olor peculiar que emana a leña seca y su color marrón oscuro.

Es considerada una de las maderas más finas y caras para la fabricación de muebles, camas y decoración del hogar. A ESTHER le encantaba sentarse allí, moverse en la mecedora, mirando fijamente la lluvia y el fervor del agua caer sobre el pavimento, deleitándola con el sonido musical que produce la lluvia al caer, como si estuvieran lanzando piedras desde el cielo.

Disfrutaba viendo caer la lluvia, esa agua cristalina que invitaba a meterse debajo de ella, como solía hacer en el campo donde vivía.

Mojaba su cuerpo de pies a cabeza, sentía su largo y grueso cabello negro como cola de caballo extenderse por su espalda, fina y de piel tersa, joven y fresca, acariciándola. Se imaginaba corriendo riendo con sus hermanitos por todo el patio de la casa donde vivía antes, en Baitoa, de pura tierra, mojándose, gritando de alegría, y sus pies alborotando y jugando con la tierra que ya no era arena o polvo, pues al caer la lluvia, la tierra se convertía en lodo. Solían llenar galones o barriles plásticos con agua de lluvia para cocinar, lavar o simplemente bañarse, ya que no existían tuberías o acueductos en esos campos. Para el uso diario, debían caminar hasta ciertos riachuelos a buscar el agua del día en vasijas de barro o de plástico. Cuando llovía, aprovechaban para almacenar agua en barriles y evitar la caminata por unos días a dichos arroyos.

Allí sentada, entre una corta y suave risa, con los labios entreabiertos y los ojos cerrados, el vaivén de la mecedora le daba cierta paz y aquella nostalgia que le producía sueño.

ESTHER traía a su presente una infancia vivida llena de alegrías y encanto que le hacían extrañar aquellos días de verano, su piso de tierra y todo lo que en su imaginación podía fluir que le pintaba esa sonrisa en su rostro y llenaba su corazón de armonía.

Súbitamente, sin percatarse de que algo estaba ocurriendo mientras su imaginación volaba con los ojos cerrados, al abrirlos le pareció estar en un sueño repitiendo lo mismo que vio aquel día a través de la ventana. Ahí, frente a ella, como ladrón al acecho, estaba Don

Antonio, observándola dormir, con una sonrisa, según ella, llena de malicia y acoso. ESTHER se asustó de nuevo, pero no pudo salir corriendo porque él estaba allí, con los brazos extendidos y las manos asidas a los brazos de la mecedora, en posición de ataque, con intención de abrazarla. Esto la espantó aún más, no supo qué hacer, solo exclamó: "Señor, ¿qué pasa, qué hace usted aquí?". Él respondió dulcemente: "No temas, mi ángel, vine a visitarte y a darte una sorpresa que estoy seguro te gustará".

ESTHER, de manera cuidadosa y tímida, puso una de sus manos sobre su brazo, como tratando de decirle que la dejara salir. Él apretaba sus manos para impedirlo. Entonces, de repente, apareció por detrás de Don Antonio su madre y le dijo: "¿Qué hace Don Antonio! ¿Por qué asedia a mi hija?". Él, dejando el paso libre a ESTHER, se volvió para mirar a Doña Fernández y le dijo: "No se preocupe, Doña, jamás le haría daño a su hermosa hija, es para mí un ángel caído del cielo y así debe ser tratada". Claramente, esto fue un desarme total para la señora, que vio en él cierta ternura en el momento. Sin lugar a dudas, Don Antonio sabía lo que tenía que hacer.

Unos minutos después, pasaron a la sala a tomar una taza de café. Tan pronto llegaba sin avisar, pedía su cafecito con canela y nuez moscada, bien caliente. Doña Fernández conocía sus gustos y se lo servía, aunque no muy contenta. Después de un par de sorbos, allí reunidos, alrededor de las 6 de la tarde, todavía sus hermanos no regresaban del trabajo, ya que su hora de llegada era muy variada dependiendo de cuánto trabajo hubiera. Pero estaba su padre, Don Fernández, en casa, su madre, Doña Fernández, y la niña ESTHER. Mientras conversaban, hacían anécdotas acerca de sus vidas y comentaban sobre lo rico que se sentía el sonido de la lluvia al caer sobre el tejado de zinc, que eran hojas finas de metal usado en la República Dominicana para hacer techos.

Fue entonces cuando Don Antonio aprovechó el ambiente de paz y armonía entre ellos para hacer su inesperada propuesta. El señor miró fijamente a Don Fernández, su pieza principal, a quien ya había manipulado y tenía a sus pies, diciéndole: "Don Fernández, yo quiero a su hija para ser mi mujer", muy directamente.

Esto fue para la madre de ESTHER, Doña Plácida, como un balde de agua fría, aunque ya ella, instintivamente, sabía que algo de esto venía bajando, pero no tenía la esperanza de que esto no sucediera. Preferiría haberse equivocado y que no fuera así, ya que su niña de 16 años no debería tener una relación con un hombre de 59 años, casado, mayor de edad y que podía ser su padre. Esto la llenó de ira, e inmediatamente se opuso, le reclamó, le gritó a su esposo, le exigió que se negara a la petición de ese hombre.

Pero Don Fernández solo escuchaba, y con esos ojos largos, envejecidos y maltratados por el sol, con líneas fuertes sobresalientes en cada terminal de sus ojos, con aquella nariz enorme que dificultaba tomar en una jarra o taza por lo larga que era, muy pacientemente tomaba un sorbo de café y, con su cigarro de tabaco encendido en su mano derecha, muy despacio y aun mirando a su esposa a los ojos, lo fumaba y echando elegante y arrogantemente el humo fuera de su boca, le dijo: "Doña, esto es asunto de hombres y aquí el hombre soy yo, y yo decido".

Doña Fernández, muy enojada, se levantó de la silla, tomó a su hija del brazo y le dijo: "Vamos, hija mía, no tenemos nada que hacer aquí". Ambas se dirigieron a su habitación, donde las lágrimas desconsoladas y furiosas rodaban por las mejillas de su madre, y ESTHER, según contó, solo la observaba. No entendía lo que quiso decir ese señor, no sabía qué, ni siquiera se atrevía a preguntar a su madre qué estaba ocurriendo. ESTHER dijo que su madre cayó de rodillas sobre el suelo y exclamó con los brazos abiertos mirando hacia arriba: "Dios mío, libra a mi hija de esta desgracia, ¡y líbrame a mí también porque su desdicha será la mía!". Entonces, ESTHER procedió a abrazarla y le dijo: "Madre, todo estará bien, no te preocupes, yo estaré bien", como si ella supiera que iba a ocurrir y ni siquiera imaginaba el significado de esa petición.

La respuesta no fue dada inmediatamente. A pesar de todo, había cierta cordura y consideración con la familia. Don Fernández, el padre, esperó a sus hijos para oír sus opiniones. En ningún momento eso les preocupó a ellos, ni se les preguntó nada.

No importó tampoco la opinión de sus hijos. Don Fernández simplemente tomó, por sí solo, la decisión e hizo venir a Don

Antonio, con quien había acordado avisarle cuando estuviera listo para la respuesta.

Los hijos celosos de su hermanita menor se preocuparon mucho y se negaron rotundamente a conceder dicha petición, intentaron hacerle entender por qué no debía acceder a tal solicitud. Fue un momento angustiante porque Don Fernández no decía nada, solo escuchaba y observaba, pero nadie sabía qué estaría pasando por su mente. De repente, exclamó: "No se preocupen, que yo sé lo que estoy haciendo".

Llegó el día de revelar su decisión, y Don Antonio estaba allí, sentado en la sala, muy bien vestido con traje negro, camisa azul, corbata negra y unos zapatos de piel marrón que brillaban con el resplandor del sol. También llevaba un sombrero negro, hecho de terciopelo traído de Cuba, que cubría muy bien su calvicie, pero al ocultar lo que más llamaría la atención resaltaba lo que más afeaba su rostro: la falta de sus dientes.

Mientras en la recámara de los esposos se oía el murmullo de dos personas que no lograban entenderse, de una madre ahogada en llanto, angustiada y desesperada por saber qué había decidido su esposo respecto a su hija, el esposo permanecía en silencio. Es justo ahí cuando Don Fernández, a último minuto, logra sacar unas palabras para decirle a su esposa: "Mujer, estamos muy comprometidos con Don Antonio, le debemos mucho y no tenemos con qué pagarle tanto. Entiéndelo, ella estará mejor porque es un hombre de dinero y nosotros somos pobres, no tenemos nada que ofrecerle a nuestra hija".

Esto dejó a la madre con la boca abierta, sumida en llanto, sin lograr entender tanto egoísmo y sin otra opción más que callar y dejar a su esposo hacer lo que quería. Llamó a su hija, la abrazó y le dijo: "Mi hija amada, todo estará bien, solo nos resta confiar en Dios, él tiene el control de todas las cosas".

¡Qué momento! ESTHER fue entregada como pago de una deuda familiar a Don Antonio. El señor que tan sigilosa y cautelosamente entró a aquella casa al ver un ángel caído no fue precisamente el príncipe que ella hubiera deseado, sino que vino a ser el sapo que entorpeció su destino y a trillar su camino. Así lo expresó la madre de ESTHER, quien nunca aprobó tal acción y jamás, según ella, perdonaría a su esposo.

Ese día marcaría un antes y un después en la vida de ESTHER, y sin dudas su padre marcaba la vida de su esposa también. Doña Fernández, la madre de ESTHER, se llenó de rencor, de decepción, de angustia, de mucho dolor, y esos sentimientos juntos formaron un resentimiento tan fuerte en contra de su esposo por aquella actitud pasiva, desprendida, ajena al amor a un hijo, tan egoísta y tan perversa como la de entregar a su hija en plena pubertad a un hombre viejo, casado, con 4 hijos ya procreados, una esposa y 6 concubinas. Era algo absolutamente incomprensible, inaceptable, repudiable e insólito ante sus ojos y ante Dios, exclamaba la madre de ESTHER.

Pasados unos días, Don Antonio expresó a los padres de su prometida que le permitieran salir con él a comer afuera. Fue entonces cuando esa noche ESTHER no regresó a casa.

Don Antonio tenía todo calculado, ya tenía una casita donde la llevaría después de cenar y donde la alojaría como a otras tantas para su servicio, cuando él quisiera y pudiera estar con ella. ESTHER cuenta que pasó la noche sentada en una silla, mirando a ese señor roncar como un puerco y la baba que chorreaba de su boca abierta como un becerro. Dijo que él estaba allí tendido, borracho, con la ropa puesta, y ni la tocó, dando gracias a Dios porque ni sabía qué hacía con él en ese lugar. Más tarde, uno de los trabajadores de Don Antonio, sabiendo dónde estaría su jefe, fue a recibir órdenes de trabajo, pero el señor estaba indispuesto por la borrachera, según ESTHER. Le pidió de favor a su empleado, llamado o apodado Mandilón, su hombre de confianza, que le diera un recado a su familia y les dijera que fueran a buscarla porque no sabía dónde estaba ni qué hacer.

Lógicamente, este recado enviado a sus padres no fue dado, pues sus empleados ya estaban al tanto de qué hacer. Además, a partir de ese día, la joven debería quedarse con el hombre que aparentemente ya la había deshonrado sin que nadie tuviera la mínima idea de que eso no sucedió. Al día siguiente, cuando Don Antonio se fue a trabajar sin decirle nada a ESTHER, solo dejando dinero sobre la mesa para comprar el sustento del día, y ella sin saber qué hacer, aturdida y confusa, solo pensó en salir de la casa y ver dónde se encontraba. Miró una casita pequeña, pintada de azul y blanco como decían en el pueblo, los colores de Don Antonio. La casita estaba en medio de un cine a la derecha y otra casa más grande a la izquierda.

ESTHER pudo notar que no estaba en las afueras del pueblo, como donde vivía con sus padres, sino en el centro del pueblo, situada en una calle muy transitada. La casita, como ella le llamaba, constaba de dos habitaciones, una sala pequeña, una humilde cocina, con una mesita y dos sillas, y lo necesario para vivir humildemente.

ESTHER permaneció allí por varios días hasta que se acostumbró a su nueva casa y ya empezó a cogerle cariño a su hogar que veía como un juego; era como su casita de muñecas. Su madre le llevaba de comer y le ayudaba con las tareas de la casa mientras Don Antonio trabajaba. Lo extraño fue que su madre no preguntaba a ESTHER absolutamente nada, tampoco nunca le habló de su primera vez; solo le hablaba de cocina, de tareas del hogar, de la honestidad y otros valores como persona y ser humano, pero jamás sobre temas íntimos como la sexualidad, ya que para esos tiempos era un tabú, un mito hablar de sexo o algo parecido.

Las apariencias engañan, dicen por ahí; aquel señor no era lo que parecía ser. Su vida era un chasco, un desastre; era alcohólico, tenía doble, tercera y muchas otras vidas ocultas. Su salud física y emocional era muy mala, sufría de presión arterial alta, problemas de alcohol y además, era diabético. La jovencita ESTHER ni sabía lo que le esperaba; su vida tomó un giro inesperado, y con ella, sus ilusiones, sus fantasías y aquella inquietud que sentía de algún día ser costurera, aunque no hubiera aprendido a leer ni escribir. ESTHER no sabía lo que significaba entregarse a un hombre, a pesar de que su corazón ya latía diferente cuando pensaba en otro joven que había visto un par de ocasiones, pero del cual nadie sabía de su existencia.

Eso fue un secreto entre ella y aquel joven que jamás reveló y que nunca hubo una relación amorosa, solo de amigos. Pero en la mente de ESTHER había una ilusión, y en su corazón un sentimiento que, aunque no sabía cómo identificarlo, sí conocía lo que sentía su cuerpo y lo feliz que la hacía pensar en él. Dijo ESTHER que siempre estaba en la espera de encontrarse con él e incluso se imaginaba siendo su novia, tal como veía a algunos jóvenes caminar de la mano por las calles con su pareja.

Rosario Suárez
El Perdón A Mi Madre

CAPÍTULO 4

LA CASA SOÑADA O DE UNA PESADILLA

ESTHER, ya acostumbrada a su "casita", como ella le llamaba, cada día le parecía más bonita, y tan solo la idea de que la creía suya animaba y la hacía sentir importante y ya siendo señora. Muchos se preguntaban: ¿Qué ocurría dentro de esa casa de sueños que ESTHER vivía? ¿Cómo era su vida al lado de este hombre que parecía su padre? ¿Qué hacía o pensaba la madre de ESTHER, doña Fernández? En fin, tantas cosas podrían ocurrir allí dentro entre esas cuatro paredes, que solo existían en la imaginación de algunos, pero ninguno tenía la certeza.

Detrás de la puerta de aquella pequeña casa de sueños, como ESTHER le llamaba, esa joven mujer de apenas 16 años estaba viviendo lo desconocido e inevitable en su destino y su vida. ESTHER quedó embarazada, su primer hijo bastardo de Don Antonio, y también el primer escalón a su más triste aventura en sus mejores años de vida. Una niña embarazada, llena de ilusiones y sin haber disfrutado del amor como debería ser. Impuesta a vivir con alguien a quien no amaba y, peor aún, mayor de edad, enfermo y para colmo mujeriego.

Relataba ESTHER que transcurrieron varias semanas para que ese señor la tocara íntimamente, a pesar de que ella no tenía idea de lo que ocurría, pues para ella nada más sucedería. Estaba completamente inocente de qué sería tener un marido.

Algo bastante extraño sentía en sus palabras, en el tono y en sus expresiones faciales cuando decía que no sabía lo que él hacía y que se preguntaba cómo le pusieron un bebé en su barriga, y no solo porque no sabía de sexo, sino porque él nunca había tenido alguna penetración, y eso se lo confesó a su madre.

ESTHER se vio obligada a abordar el tema con una pregunta tan inocente y sencilla. Le preguntó a su madre cómo ese bebé llegó ahí, a su barriga, y su madre, en su poca habilidad para hablar del tema, la cuestionó muy tímidamente de cómo él la hizo suya; si ya no era virgen. ESTHER ni idea tenía de qué preguntaba, ya que nunca se le había hablado de tal tema. Es ahí cuando empezaron a tener un diálogo más abierto y, ESTHER le contó cómo él la hizo suya, cosa que a su madre le pareció insólito porque de la forma que ella lo explicó no era la adecuada, ni normal ni explicable. Ella tampoco lograba entenderlo, y las dudas y la curiosidad empezaron a asaltarla, a ambas.

Pasaron los meses y el embarazo de ESTHER era muy notorio, y de la misma forma aumentaban las críticas, las ofensas, la difamación cobarde no solo de gente del pueblo sino también y peor aún de las otras amantes. Las amantes o concubinas de Don

Antonio se llenaron de odio, de dolor, de celos y de envidia, trataron de dañarla pregonando en el pueblo que ella le era infiel, la calumniaban diciendo que ese hijo no era de ese viejo, que ella tenía otro hombre o tal vez uno de los empleados la había embarazado. Fueron tantas las calumnias que la joven permanecía encerrada en la casa tratando de ocultarse porque al salir a la calle se burlaban y la señalaban con el dedo, y eso le daba mucha vergüenza y preocupación, ya que ella sabía su verdad.

ESTHER tuvo un embarazo normal, con una gestación completa de 9 meses y una salud impecable. A su edad, lo único difícil fue no saber cómo podría dar a luz una criatura que ya era parte de su cuerpo y de su vida. Relató ESTHER que llegó el día de dar a luz, y su asombro fue tan grande que solo podía llorar y gritar de dolor y al mismo tiempo de miedo. Fue el día del nacimiento de su primer hijo y no sabía ni cómo iba a hacerlo, su madre no le decía nada excepto que todo estaría bien. Era un tema que no se tocaba, sin ni siquiera imaginar su madre doña Fernández lo que le esperaba por conocer que tal vez la haría sentir aún peor de lo que ya había sentido, debido a su incapacidad o miedo de hablar a su hija sobre estas cosas.

Los meses transcurrieron y ESTHER llegó al momento de tener su hijo, aunque realmente no sabía qué sexo era. En aquellos tiempos era casi imposible detectar el sexo de un bebé porque la ciencia ni los estudios eran modernos ni avanzados como lo son hoy día. Lo que sí era seguro eran los sentimientos, ese instinto maternal que toda madre desarrolla tan pronto queda embarazada. Es algo indescriptible expresó ESTHER, aun sin experiencia, sin saber ni siquiera qué haría con un bebé ni cómo ni de dónde sacarían a esa criatura, ella solo se sentía la emoción de que sería su primer hijo varón.

Un día cualquiera allí sentada en su mecedora preferida, donde se deleitaba, acariciando su grande y hermosa panza como ella le llamaba, empezó a sentir su cuerpo extraño como nerviosa, inquieta, y sentía que debía pasar al baño.

Se levantó y ESTHER, comenzó a llorar de dolor y una fuente de agua rodaba por sus piernas, entonces fue llevada de emergencia al hospital, mejor dicho, una pequeña clínica cercana del pueblo. Justamente quien sería el padrino de ese bebé, el compadre de Don Antonio, el médico, dueño de la clínica. Era su mejor amigo, y lo había elegido para ser el padrino de su criatura. Apresuradamente, al llegar al lugar fue colocada sobre una camilla y trasladada rápidamente a sala de parto pues indudablemente llegó la hora de dar a luz.

Allí estaba ESTHER "asustada pero al mismo tiempo emocionada", era su primer bebé y la curiosidad era grande, experimentando su primer parto, ansiosa por saber si era varón o hembra, a quién se parecería, eran tantas preguntas en su mente que se sentía confusa, nerviosa, y asustada al mismo tiempo. Dijo María que aún no sabía qué hacer y aunque le indicaban las enfermeras y ella trataba de hacerlo lo mejor posible sentía que algo no andaba bien. Fue entonces cuando el doctor decidió examinar antes de continuar el parto ya que según expresaba el doctor las condiciones estaban dadas para un parto sin problemas.

Tremenda sorpresa se llevó el doctor, encontró algo impresionante que jamás en su práctica de medicina había visto. Vale resaltar que en aquellos tiempos las visitas periódicas de chequeo a las embarazadas no eran comunes, al menos no eran tan seguidos, pues se guiaban más por su instinto, por su estado físico; no se le daba mucha importancia, quizás por ignorancia por razones económicas que no permitían este privilegio.

Aunque en el caso de ESTHER, su marido era un hombre adinerado, con relaciones, y además el futuro padrino de su criatura era el doctor asignado, por lo tanto, ESTHER reiteró que no debió haber excusas para tal descuido. Sin embargo, así fue. Recordemos que la familia de ESTHER viene del campo, donde todo se da en forma más natural, y los padres no le daban el seguimiento adecuado a este tipo de cosas, más bien lo hacían de forma natural e intuitiva.

Cosa tal vez errónea pero resultaba para ellos y así ella llegó hasta el final de su embarazo sin ningún problema aparente. Como resultado del examen hecho por el médico a la hora de dar a luz ESTHER se dio cuenta que algo impedía el nacimiento de la criatura.

Insólita e increíblemente ESTHER todavía era virgen, o sea, su himen estaba intacto. Don Antonio no la había hecho mujer como regularmente se dice, ESTHER era señorita aún. Al descubrir esto, su médico procedió a hacerlo quirúrgicamente, y a realizar el parto. Al culminar con su labor, llamó a Don Antonio, y colocando sus manos sobre sus hombros le dijo: "Compadre, la verdad no podía creer eso, esta niña aún era virgen"; así que tuvo que cortar su himen para que ella pudiera tener al bebé.

Don Antonio, sorprendido, incrédulo e ignorante de la situación, pidió explicación a su amigo y compadre el doctor Gómez, le explicó: "Don Antonio, amigo mío, a veces aun sin penetración, la mujer pueda embarazarse por su alta fertilidad siendo tan joven y su eyaculación en la entrada de la vagina. Si está en el momento de elevada fertilidad, el flujo vaginal actúa como cinta de transportación de espermatozoides, y allí ocurre el embarazo, aun siendo virgen y sin haber sido penetrada".

Don Antonio quedó pasmado, asombrado, sin pronunciar una palabra. Continuó el doctor comunicándole que nació el bebé tan esperado; era todo un hombrecito, hermoso, grande, con una piel tersa, ojos grandes y muy alerta, y le advirtió que sería un hombre grande de acuerdo con su medida al nacer.

Los comentarios no se hicieron esperar, el pueblo se encendió en llamas de chismes y murmuraciones por el gran acontecimiento, el nacimiento del primer hijo de la niña de Don Antonio. Las

CAPÍTULO 4

concubinas de Don Antonio resonaban por todo el pueblo hablando y maldiciendo a la pobre ESTHER Le hacían llegar cartas y amenazas por la osadía de parirle a su marido. Todas se creían la esposa y morían de rabia por el descuido y abandono en el que habían sido sometidas a causa de la llegada de ESTHER a la vida de Don Antonio, el mujeriego, quienes ya habían descuidado a causa de la jovencita ESTHER y ellas celosas de que eran todas sobre sus 35 y 49 años de edad.

Se oía murmurar, como dije anteriormente, que ESTHER era una aprovechada, que llegó a la vida de Don Antonio con artimañas. Decían incluso que ese embarazo no era de Don Antonio. Deliberadamente fue tan fácil juzgarla, señalarla, calumniarla y enlodar su nombre, su moral, ponerla en tela de juicio sin piedad y sin medidas. Aun así, la justicia divina fue real y segura, Don Antonio jamás dudó de ella, y peor aún, más hijos empezaron a llegar uno tras otro, al punto de tener doble parto de mellizos, pero desafortunadamente aquellos mellizos no llegaron a nacer.

ESTHER tuvo 4 embarazos, de los cuales solo sobrevivieron 3, siendo dos varones y un par de mellizas, dos niñas que vinieron a enloquecer y transformar la mentalidad de Don Antonio, aquel hombre mujeriego que solo vivía para el trabajo y el placer. Las mellizas, como eran llamadas, fueron el principio de una vida nueva para Don Antonio y curiosamente el final de la vida loca que Don Antonio llevaba, pero con cambios no muy positivos. Se volvió más celoso, más exigente en el cuidado de sus niñas, lo que no hacía o había hecho con su única hija de matrimonio ni con otras hembras que había engendrado, y esto empezó a generar muchos celos y resentimientos en los otros hijos que tenía con las demás concubinas.

Por otro lado, ESTHER seguía en su soñada casa disfrutando de su bebé, su primer hijo varón llamado Antonio, de su segundo varón de nombre Juan y sus dos mellizas nombradas Rosa Esther y Flor Esther. Cuyos nombres fueron adoptados por las abuelas paternas en honor a ellas, siendo el segundo nombre el de la madre, ESTHER.

Y así transcurría el tiempo entre risas, encanto, innovación, aventura pero también incertidumbre, monotonía, chismes, calumnias y otros inconvenientes que suelen traer consigo las relaciones extramaritales, específicamente de un hombre infiel.

No obstante a todo esto, relató ESTHER que no todo fue malo, que se llevaría siempre en sus recuerdos y en su corazón todo lo hermoso que vivió aún bajo su inocente corazón. Entretanto, sonreía y denotaba una especie de dulzura y melancolía recordándole el día que tuvo a sus mellizas. Describió ese día como el más chistoso, inolvidable y memorable de su vida.

Dijo ser aquel día una tarde soleada, calurosa y las calles abarrotadas de gente, música y caravanas de carros y carrozas cargando en ellas hermosas mujeres, jovencitas de piel morena, brillante y relucientes deslumbradas por los rayos del sol.

CAPÍTULO 4

Era un derroche de disfrute, danzas, bailes con júbilo y orgullo al mostrar la cultura de la República Dominicana, su baile folklórico y el típico merengue que los caracteriza. Un despliegue de trajes hermosos, coloridos enmascarados, látigos que lanzaban a las personas pretendiendo azotarlos al alcanzarlos, y así verlos correr de pánico que era un deleite para sonreír. Era ese día, 27 de febrero, una fecha histórica porque se celebra el día de la independencia nacional, la cual se llevó a cabo en el año 1844, gracias a nuestros libertadores, Juan Pablo Duarte, Francisco del Rosario Sánchez y Ramón Matías Mella, quienes formaron un movimiento llamado "La Trinitaria" y paladearon un golpe de estado en contra de los haitianos quienes gobernaban y nos tenían en sometimiento por 22 años, ocupando la isla y convirtiéndose en sus verdugos.

Aquel día 27 de febrero, desde la Puerta del Conde en Santo Domingo, se lanzó el cañonazo y se izó la bandera tricolor; con sus colores blanco, rojo y azul ultramar.

El color blanco representa la paz y la unión entre los dominicanos, el rojo representa la sangre derramada por los patriotas en las batallas para lograr nuestra independencia y el azul ultramar representando el cielo que cubre nuestra patria, la cubierta de nuestro dios y los ideales de progreso de los dominicanos.

Con un escudo en el medio, el único escudo en el mundo con las palabras de gloria 'Dios, Patria, Libertad', en señal de nuestra fe y cristianismo, y la independencia del yugo haitiano.

Rosario Suárez
El Perdón A Mi Madre

Ese día en que ESTHER se encontraba disfrutando del desfile de enmascarados, carrozas, baton ballet y todo lo que encierra la fiesta del día de la independencia, de repente entra a su galería uno de los disfrazados y le lanza un vejigazo por la espalda, lo que provoca un dolor intenso en su espalda y apresura el nacimiento de su criatura. ESTHER entró en llanto y rompió fuente al instante, por lo que fue trasladada al hospital de emergencia para dar a luz a sus criaturas.

Sorprendentemente fueron dos, ni siquiera se imaginó ESTHER y mucho menos el médico que eran dos criaturas, ya que como mencioné antes para la época era difícil detectar el sexo y la cantidad de bebés engendrados. Por tal razón fue una gran sorpresa para todos al recibir dos criaturas. Contó ESTHER que la primera nació inmediatamente, y al no saber de la segunda criatura, fue llevada a su cuarto de recuperación.

Pero una vez allí, unos 40 minutos más tarde, ESTHER comenzó a sentir dolores de parto de nuevo y movimientos en su vientre, y es ahí cuando el médico se da cuenta de que otro bebé venía en camino. Es así como dos hermosas niñas llegaron a su vida, una llamada Rosa Esther y la otra Flor Esther.

Flor Esther nació 45 minutos más tarde, lo cual afectó su parte de aprendizaje en el cerebro. Según el diagnóstico, su hermanita no tendría la capacidad de aprender como cualquier niño normal. Su aprendizaje sería más lento y muy difícil para ella.

CAPÍTULO 4

Como tal ha sido, la niña tuvo mucha dificultad para aprender y jamás alcanzó un grado mayor del 3er, debido a esto. Además, su comportamiento era incontrolable, sufría ataques de movimientos involuntarios y se enojaba con mucha facilidad, lo cual no le permitía relacionarse amigablemente con maestros ni con los compañeros de clase.

Lamentablemente, en estos tiempos no se detectaba, al menos en RD, lo que hoy le llaman niños hiperactivos o con déficit de atención y demás. Esto no permitió que su padre le buscara la ayuda necesaria, aun siendo un hombre acaudalado.

Pasaba de una escuela a otra en unos meses porque no la aguantaban, terminó a sus pocos años internada en un colegio de monjas llamado "La Milagrosa" en un pueblo cercano y de ahí también fue rechazada por mal comportamiento y falta de aprendizaje.

Sin embargo, Flor Esther, a pesar de todo, era súper inteligente, o sea algo natural, muy contradictorio porque tenía actitudes de ser hábil, audaz, muy observadora, captaba todo aunque al momento se le olvidara, era algo impresionante pero por no tener la ayuda profesional que ameritaba no pudo avanzar en sus estudios académicos.

Pasaron cuatro años y un día cualquiera, cuenta ESTHER que empezaba en su mente a vagar pensamientos y preguntas que no lograba conseguir sus respuestas. Recordaba con la ternura que

Don Antonio le hablaba y como aun siendo mayor había captado su atención y respeto, tal vez admiración por ser un hombre respetado, admirado y sobre todo agradecido.

Don Antonio estaba envejeciendo y, peor aún, muy enfermo. ESTHER empezó a preocuparse, a preguntarse qué sería de ella si Don Antonio le llegara a faltar. ESTHER tomó la decisión de hablar con el padre de sus hijos y pedirle o reclamarle algo que él le había prometido alguna vez, a la llegada de su segundo hijo, Pablo. Era un niño tan tierno y adorable, idéntico a su padre, que llenó tanto de alegría tal vez más que el primero, por su parecido tan enorme a él. Don Antonio, emocionado y comprometido a darle lo que a todas había dado, le prometió regalarle su casa para ella y sus hijos, expresando que si él faltara algún día, ella tuviera un lugar donde vivir segura.

Aquella noche, una de esas que le tocaba pasar con ella, pues claro siendo una de tantas concubinas, designaba un día para cada una, y ellas lo sabían e incluso algunas eran tan amigas o aliadas que se llamaban para preguntarse con quién estaría esa noche.

ESTHER, con toda su ingenuidad de joven tierna y sumisa, antes de irse a la cama le dijo: "Antonio, ¿recuerdas aquel día que me prometiste darme una casita para que en caso de tu ausencia no quedáramos en la calle tus hijos y yo?" Haciendo una pequeña pausa y ahogándose en un llanto interior que se reflejaba en su voz y en su mirada, se volteó a mirarme y decir el susto que se llevó y la sorpresa con la reacción que detonó en el padre de sus hijos al que ella tanto admiraba y respetaba y, sobre todo, agradecida. Don Antonio reaccionó de una forma no muy agradable. Él estaba sentado al borde de la cama y ella a su lado, Don Antonio con su cabeza cabizbaja, piernas separadas una de otra y apoyando sus codos sobre sus rodillas con las manos entrelazadas, en posición de espera por ella que hablara.

De repente, al terminar ella su petición o recordatorio, él, como robot, gira su rostro hacia ella en forma de amenaza con ojos grandes, sobresalientes, con una mirada aterradora y amenazante. Abrió sus labios y, con esa voz fuerte y cruel, con una actitud machista, grosera y egoísta, le dijo las siguientes palabras, las que destrozaron su corazón, las que lo bajaron del pedestal donde ella lo había puesto, palabras que le dejaron ver el verdadero "yo" interno de aquel hombre, sus verdaderas intenciones y sentimientos, y sobre todo, que le marcaron el después de lo antes vivido sin remedio y sin tregua para que ella tomara una decisión definitiva.

Don Antonio le dijo tan fríamente que él no hacía escaleras para que otro subiera. Con estas palabras, ella entendió que lo de él era de él y no tenía por qué dárselo a ella.

Pero se dio cuenta de que esto no encajaba en su análisis, porque a las demás concubinas sí les había dado un hogar y las tenía bien; sin embargo, con ella era diferente, era más celoso, era tacaño con el dinero, la controlaba en todo, hasta su forma de vestir, con quién y adónde iría. Parecía ser su presa y muy temeroso de perderla. Tal vez alguien pensaría que la amaba demasiado, o simplemente la sobreprotegía, pero no era así. ESTHER pudo ver y entender, a pesar de su poca edad y experiencias, que había algo más. Y no estaba equivocada, Don Antonio, inseguro, reconocía la diferencia de edad tan grande entre ellos. Esta niña que ya tenía 23 años, pero él ya tenía 66 años, una diferencia abismal.

ESTHER pudo entender que su miedo y su verdadera respuesta en su mente eran que ella, siendo tan joven, se enamoraría de otro hombre, lo dejaría a él y entonces esa casa la viviría el otro. Suena egoísta y una reflexión tal vez equivocada, pero realmente eso es lo que ESTHER sintió y expresó.

Fue entonces cuando ESTHER empezó a mirar, a proyectar en su mente su futuro, a visualizarse unos años más adelante, y se preguntaba qué futuro le esperaría a ella y sus hijos si este hombre muriera. No le daba un hogar ni nada más para salir adelante. Desesperadamente, la angustia se apoderó de ella y su imaginación voló y la hizo razonar aún más sobre esto.

Pasaron los días, los meses, y un año más, y Don Antonio no tenía la menor intención o gesto para con ella de darle su casa. Cada día era más difícil para ESTHER estar a su lado sabiendo que no tenía buenas intenciones con ella y que su juventud se perdía al lado de un hombre que no sabía valorarla ni darle su lugar como madre de sus hijos.

Por lo tanto, debía sabiamente tomar una decisión sobre ella misma y sobre sus hijos, sus cuatro hijos menores de edad que necesitaban estabilidad emocional y económica, además de un lugar para vivir seguro, un futuro mejor que lo que no parecía tendrían a su lado.

Escuchando el relato de ESTHER y tratando de entender su situación, me hizo recordar algo que había leído en el libro "Personas Tóxicas", escrito por Silvia Congost, en el que habla sobre sufrimientos en la vida como seres humanos, como personas, relaciones tóxicas, el narcisismo, cómo recuperarse de una ruptura, cómo identificar una relación destructiva y otros temas.

Tomé como referencia este libro porque hubo algo que llamó mi atención cuando escuchaba a ESTHER, y es en una parte donde la autora indica o sugiere métodos que debemos aprender para identificar el sufrimiento y/o poder evitarlo. Aprender y entender a no verlo como algo normal. Y es aquí donde, según el relato de ESTHER, aun sin ningún conocimiento más que su instinto femenino y su sentimiento como madre, lógicamente analizado, ella entendió que su vida estaba cubierta de una felicidad disfrazada, que realmente no era feliz sino que estaba acostumbrada a lo que le habían impuesto. ESTHER, había despertado de su letargo, y ahí es cuando ella razonó y empezó a verse ella misma como ser humano, como mujer y como madre. Luego se dio cuenta de que su futuro no estaba allí, y que solo de ella dependía el cambio y de nadie más. ESTHER notó que la persona o las personas que había tenido a su lado habían llenado de toxicidad su pasado, su presente y, por ende, su futuro. Por esa razón, reflexionó y tomó la decisión de darle un giro diferente a su vida.

ESTHER jamás imaginó lo que el destino le depararía, a partir de tal decisión, tal vez inconsciente, descabellada o inmadura, o simplemente egoísta. Esto es lo que algunos o todas las personas pensarían de ella y juzgarían sin saber por lo que ESTHER atravesaba en su vida personal, dentro de aquellas cuatro paredes que, como dice el refrán, "el corazón de la auyama solo lo conoce el cuchillo", porque solo ella sabía lo que ahí dentro vivía.

Por su mente pasaron miles de pensamientos, y hubo momentos en que su conciencia se nubló; sentía renunciar a sus planes, sueños y metas. Es que nadie sabía, pero ESTHER, a pesar de no haber estudiado, de no tener un grado escolar alto, era una joven muy inteligente, muy analítica, moderada, con mucha prudencia, dócil, tranquila y muy reservada, pero con pensamientos claros y firmes, aunque si sentía inseguridad y confusión a veces debido a esos cuatro niños que eran parte de su vida.

La madre de ESTHER, doña Fernández, era una mujer muy hogareña, muy creativa como mencioné anteriormente. Eran muy pobres, y no tenían ni siquiera camas normales para dormir, sino que encima de su propia ropa se acostaban en piso de tierra. Por tal razón, tuvo que inventárselas. Su madre solía coserles la ropita cuando se les rompía, y si ya no servían, pues tomaba los pedazos de tela para crearles sábanas y colchas para arroparse. ESTHER observaba todo esto, y en su mente, cuenta ella, siempre se visualizaba cosiendo, haciendo ropas a mano.

Fue tanta la admiración por su madre, que su pasión por coser se desarrolló de tal manera que ya solo pensaba en algún día ser costurera. Jamás le expresó ESTHER a su madre este deseo de ser una modista.

Aquel día que tomó decisión solo pensaba en ganarse la vida cosiendo, ¿cómo?, ¿cuándo?, ¿dónde? No sabía, pero de una cosa estaba segura, y era de que lo lograría. A partir de ese momento, empezó a dedicar sus momentos de ocio a coser, siendo su primera pieza para sus mellizas.

Les cosió dos vestiditos hermosos, bien sencillitos, de tela estampada con flores primaverales, sin mangas, de tirantes que se sujetaban en sus hombros, atados a la cintura y, en la parte posterior, la faldita rodeada de encajes blancos para dar un aspecto de bailarinas.

ESTHER sonreía al describir con emoción ese momento tan especial en su vida, fue como su primera creación artística y el comienzo de un sueño hecho realidad. Orgullosa de ella misma, ESTHER mostraba a todos su habilidad. Que si podía y que si haría su trabajo de costurera algún día, su mayor felicidad fue al ver que lindos y bien elaborados se apreciaban puestos en los cuerpos de sus dos niñas.

Cada día que pasaba, ESTHER hacía más vestidos, pantaloncitos. Pasaba horas diseñando, cortando y cosiendo ropitas para sus hijos y hasta para ella misma ya era capaz de hacerse un vestido. Descubrió que su verdadera vocación estaba ahí en coser, y esto la impulsó más y más a determinar su futuro, a buscar su propio destino, no importando el miedo que sentía al pensar en esto o las turbulencias y tormentas que enfrentaría porque la decisión ya estaba tomada.

Definitivamente, ESTHER estaba determinada a lograr su objetivo sin importar el precio a pagar. Es cuando a mi mente llegó el recuerdo de una frase que escuché de una de mis hijas, y pensé que era la perfecta que encuadra muy bien en ese caso y dice así: "Everything begins with a decision. Then we have to manage that decision for the rest of your life!" ("Todo comienza con una decisión. Luego tendremos que manejar esa decisión por el resto de tu vida"; John C. Maxwell).

CAPÍTULO 5

DECISIÓN TOMADA Y TIEMPO DE EJECUTARLA

ESTHER estaba desesperada; su mente solo giraba en torno a aquella decisión que vagaba en su pensamiento y en su corazón. Tan solo pensar en ello hacía latir su corazón incesantemente. No sabía si los fuertes latidos se debían a la inmensa emoción de saber que viviría una aventura o si era el miedo a vivirla. Pero de algo sí estaba segurísima: jamás retrocedería, no renunciaría a ese sueño que la hacía vibrar y la llenaba de esperanza e ilusión.

A sus 23 años, ya era toda una joven, tal vez sin experiencia en el amor, pero con una vasta experiencia en el sufrimiento, la sumisión y el desapego, falta de protección por parte de su padre. A pesar de todo el amor que le brindaba y ella sentía por él, su padre había sido la fuente de una vida llena de incertidumbre y abuso.

Aquel día, ESTHER pasó horas sentada en su galería, en aquella humilde y pequeña casa donde las promesas resultaron ser un fraude y una gran manipulación para la conveniencia de otros y no para la suya. Estaba cansada de ver que su vida giraba en torno a los deseos de otros, y que su palabra, sus deseos y sus sueños no importaban a nadie más que a ella.

Rosario Suárez
El Perdón A Mi Madre

Don Antonio llegó a casa más temprano de lo habitual, y en tono enojado le pidió a ESTHER que lo acompañara a la habitación, expresándole que tenía algo que hablar con ella.

Sumisa y obedientemente, ESTHER lo siguió y le preguntó tiernamente: "¿Qué ocurre, Antonio? ¿Por qué estás enojado?". Cabizbajo, él le dijo: "Tengo algo que decirte, algo que llevo mucho tiempo guardado pero no me atrevía, y hoy he estado pensando mucho y lo haré ya. Sabes, cuando te pedí para ser mi mujer a tu padre, después de verte y tratarte, me di cuenta de que no estaba haciendo lo correcto. Pensé en romper mi compromiso contigo y con tu padre. Entendí que eras demasiado joven, una niña para mí, y que podría hacerte mucho daño. No quería eso para ti, pero mi hombría, mi palabra de hombre con tu padre, que ya había accedido a mi petición, me hizo retroceder y continuar con mi propósito. Entiendo que yo no soy el hombre de tu vida y que tienes derecho a vivir como mereces. Cualquier decisión que tomes, mañana yo la respetaré y te apoyaré".

ESTHER relata que al escuchar a este hombre, se sintió desarmada. Le provocó pena y ternura oír lo que decía, e incluso pensó en justificar lo que él había hecho de su vida. Aunque creyó en su arrepentimiento y su dolor, su decisión estaba tomada, y con más ahínco, decidida a comunicarle a don Antonio lo que quería hacer.

ESTHER se llenó de valor, especialmente después de las palabras alentadoras y convincentes de don Antonio. Le dijo: "Pues bien,

CAPÍTULO 5

Antonio, creo que es el momento de confesarte algo que también yo he tenido en mente y debo decírtelo".

Don Antonio la miró fijamente a los ojos, emanando miedo, preocupación y tristeza, como si presintiera que lo que sabía llegaría en algún momento.

ESTHER prosiguió: "He tomado la decisión de irme. Quiero empezar una nueva vida, pero sin ti. Te agradezco mucho todo lo que has hecho por mis hermanos y por mis padres, y por haberme elegido como la madre de tus hijos. Pero creo que nuestras vidas no pueden seguir el mismo camino".

ESTHER temblaba de miedo solo al ver la cara y el dolor reflejado en el rostro de don Antonio. Él entrelazaba las manos y apretaba los puños como queriendo golpear lo que estuviera en frente de él o simplemente delataba sus nervios.

ESTHER, sutilmente, parada detrás de él, colocó sus tiernas manos sobre sus hombros y le dijo: "Antonio, esto no va a funcionar más. Hagámoslo ahora antes de que sea tarde". Antonio se volteó suavemente y le dijo: "Está bien, negrita, como él la llamaba. Te entiendo. Yo sabía que esto sucedería, y como te dije antes, te lo repito ahora, apoyaré todo lo que decidas hacer. Solo te pido que no me separes de mis hijos".

Abandonar un hogar no es algo sencillo ni fácil. Puede traer consecuencias inimaginables, impredecibles que ni siquiera se piensan al momento de hacerlo o decidir hacerlo. Y no solo consecuencias para la persona en sí, sino también para los que le rodean, ya sea el cónyuge, los hijos, incluso la familia.

Entre esas consecuencias, podríamos mencionar la parte legal, que dependiendo del país donde vivas o se origine el hecho, puede afectar la custodia de los hijos, los bienes procreados en el matrimonio e incluso podría considerarse un delito el abandono.

Además de la parte legal, debemos mencionar la parte emocional. Se podrían generar cambios emocionales, sentimientos encontrados, de culpa, tristeza, angustia, ansiedad y cierta confusión por la situación. También ocurren cambios económicos, inestabilidad financiera, y mucho más cuando uno de los dos depende del otro.

Por otro lado, podrían desarrollarse repercusiones sociales, tales como críticas, juicios de amistades, burlas, tensiones y conflictos emocionales que pueden ocasionar dificultad para relacionarse con otras personas, lo que podría generar depresión y rechazo de apoyo.

Afortunadamente, ESTHER contaba con el apoyo de sus padres, al menos el de su madre y sus hermanos, y algunas amistades que había cultivado durante su relación con el padre de sus hijos. Además de esto, contaba con el propio apoyo de su ex marido, quien a pesar de todo, no opuso e incluso demostró empatía y colaboración en todo.

Pasaron algunos días para que ESTHER les comunicara a sus padres y a sus hermanos la decisión que había tomado. Su madre fue la primera en aprobarlo. De hecho, se sintió tan feliz que no pudo evitar aquella amplia sonrisa que poseía y darle un abrazo de apoyo a su hija.

Por otra parte, sus hermanos también le apoyaron, ya que a pesar de las buenas atenciones, las oportunidades que el señor les había brindado para mejorar sus vidas, y de haber hecho madre de 4 hermosos hijos a su hermana, nunca entendieron cómo ni cuándo su hermanita de 17 años pasó a ser la mujer de un hombre tan mayor. Y no solo eso, sino también la octava concubina de un hombre casado y con otros hijos.

Finalmente, se separaron; todos ellos se fueron a vivir a una casita mucho más humilde que la que Don Antonio le había construido a su hermana, y que jamás quiso poner a su nombre. A pesar de todo, la familia de ESTHER y ella se reunieron nuevamente para vivir juntos, en condiciones modestas pero libres, con una vida propia. ESTHER se sintió integrada de nuevo y sabía que su vida tomaría otro rumbo y otro significado a partir de ese momento.

La familia completa se mudó a un lugar alejado del centro del pueblo, modesto pero no tan humilde como la zona rural de Santiago de la que venían. La nueva casita era de madera, con techo de zinc y suelo de cemento, ubicada en un solar retirado de la carretera. Las sombras de las palmas de coco la envolvían, proporcionando un frescor exquisito y alentador en medio del calor infernal de los pueblos y ciudades.

Rosario Suárez
El Perdón A Mi Madre

La casa, encantadora, estaba construida en madera con un techo de zinc, pintada con colores variados. Las ventanas eran azules con marcos rojos, y una pequeña galería con dos mecedoras, también azules, parecía representar la bandera dominicana. Allí, se entretenían meciéndose y observando los caballos, burros, bicicletas, motores y algún que otro carro, que eran escasos, y los transeúntes que pasaban a lo lejos por la carretera.

ESTHER cuenta que disfrutaba viendo a sus hijos correr y divertirse jugando a las escondidas y al topo. Este juego consiste en un grupo de personas eligiendo a uno que perseguirá a los demás hasta toparlo. El tocado pasa a ser el que se queda a perseguir o el "quedao y el topao".

Mientras jugaban, daban vueltas alrededor de las matas de coco, y de vez en cuando, alguna caída en la arena los hacía tomar un receso para continuar. Aunque los varones llevaban cierta ventaja por la diferencia de edad, se entendían y protegían entre sí.

No pasó mucho tiempo de recreo y unión familiar, ya que las cosas empezaron a ponerse difíciles. La situación cambió al alejarse de Don Antonio, y las atenciones y provisiones ya no eran las mismas. ESTHER comenzó a sentir el peso de su responsabilidad y la necesidad de hacer algo en su vida para independizarse económicamente. Quería trabajar en lo que fuera necesario para salir adelante por sí misma y perseguir sus sueños. Su anhelo era convertirse en una gran costurera, confeccionando trajes para mujeres, ropa de niños y todo lo que estuviera a su alcance, haciéndolo bien.

Sin embargo, la felicidad y la liberación repentina trajeron consecuencias económicas y presiones sociales. La gente comenzó a murmurar y difamar su reputación, volviéndose cada vez más insoportable e incontrolable. A sus 23 años y sin experiencia más allá de lo que le habían mostrado y obligado a vivir, la situación se volvía abrumadora para ESTHER. Internamente llena de tormento, solo el pensamiento de escapar de ese lugar la embriagaba, sin saber a dónde ni cómo.

En un día cualquiera, ESTHER tomó una nueva decisión: explorar otro país, buscar nuevos horizontes sin tener la más remota idea de cómo lo haría. Aunque tenía un familiar cercano en los Estados Unidos que la visitó, la inquietud persistía en ella. Este familiar resultó ser su primo Armando, quien no solo era de la familia, sino que desde niña la había deseado como mujer.

Aunque sus padres sabían de esto, Don Antonio apareció con una propuesta favorable, y se olvidaron de aquel joven. Con una numerosa familia, llegó a la vida de ESTHER como su salvador cuando viajó de los Estados Unidos a República Dominicana. Conmovido por la situación de ESTHER y su familia, le ofreció ayuda para llevarla a los Estados Unidos.

Armando hizo todo lo posible por conseguir una visa para que ESTHER pudiera viajar a Estados Unidos, y finalmente, después de muchos esfuerzos, lo logró. ESTHER confió en la palabra de su primo y aceptó su ayuda. Tal vez fue una decisión drástica, pero en su entender, era la única salida y esperanza para lograr tener una vida más digna y una manera de ayudar a sus padres, hermanos y a sus hijos, que ahora eran su responsabilidad.

Aparentemente, todo estaba en marcha. ESTHER estaba llena de ilusión y de una curiosidad enorme al pensar que saldría a recorrer un nuevo mundo, nuevos horizontes, y que un gran futuro le esperaba en algún lugar. Hasta ahí todo marchaba sobre ruedas, pero en su mente vagaba una pregunta sin respuesta.

¿Qué haría con sus hijos? ¿Cómo les diría a sus padres que se iría tan lejos? ¿Cómo le comunicaría su decisión al padre de sus hijos, aun sabiendo que él la apoyaría en lo que sea que ella decidiera hacer? ESTHER se decía a sí misma que, como dice el dicho, "no es lo mismo llamar al diablo que verlo llegar". Dicho esto por la razón de que, al llegar la hora de dar el paso, se encontraba confusa, indecisa, insegura y asustada, sin saber cómo hacerlo.

¿ESTHER sentía miedo de iniciar una vida nueva? ¿Se sentía triste, preocupada, por el hecho de dejar a sus hijos? ¿Qué dirían sus padres al comunicarles eso? Era tanto su deseo de iniciar una vida nueva que todas esas interrogantes quedaron atrás y simplemente hizo lo que debía hacer. Mandó a buscar al padre de sus hijos y le comunicó su decisión, la cual fue bien recibida y apoyada por Don Antonio, recordándole lo que ya le había dicho antes, que a falta de ella, él se haría cargo de sus hijos y que a falta de él, ella debería hacer lo mismo. Fue algo así como una forma de acuerdo entre los dos por el bien de los hijos. Lo que ESTHER nunca imaginó fue que aquella decisión podría ser la más descabellada y perjudicial para sus hijos e incluso para ella misma.

Realmente, sus expectativas eran tan grandes como sus sueños de ser modista. Cuando se es joven y sin experiencia, vemos el mundo de manera diferente, todo resulta tan fácil y divertido que no medimos las consecuencias ni escuchamos consejos ni advertencias de personas mayores que ya han vivido y que ven lo que no somos capaces de ver o no queremos ver. Muchas veces nos dejamos llevar por nuestras ilusiones y esa adrenalina que surge cuando algo nos excita o llena de ilusión, ya sea felicidad o peligro. Añoraba vivir la experiencia de una libertad financiera y profesional. ESTHER, como madre, solo pensaba en salir adelante y en cumplir un sueño que, sin saberlo, se convertiría en otra pesadilla en su vida, según su relato.

Fue así como aquel día ESTHER decidió llamar a Don Antonio para comunicarle su partida. Estaba completamente decidida a hacer ese viaje que tanta ilusión le daba.

El recado llegó hasta Don Antonio, y él se dirigió apresuradamente a casa de ESTHER para enterarse de lo que acontecía. ESTHER al ver a Don Antonio se puso muy nerviosa, como si tuviera miedo de hablar pero llena de esperanza de ser comprendida y apoyada.

Inteligentemente, inició la conversación recordándole aquella petición que le había hecho antes de separarse, refiriéndose al pacto que hicieron sobre sus hijos, de que si alguno de ellos faltaba, el otro estaría presente.

Don Antonio la escuchó y la miró un poco desconcertado, pues la verdad es que no sabía realmente qué haría con los niños, ya que de algo estaba seguro: su esposa jamás los recibiría. ESTHER era el dolor de cabeza y la pesadilla de su señora esposa, tal vez por ser una niña demasiado joven y ella demasiado madura, lo que le daba celos, incompetencia y, sobre todo, mucha inseguridad. ESTHER fue la causa del sufrimiento más grande en todo lo largo de su matrimonio y, según ESTHER, la persona a la que más repudió y culpó de toda su desdicha.

La esposa de Don Antonio no veía culpable a su marido, claro que no; para ella, ESTHER fue una intrusa, desvergonzada y manipuladora que aprovechaba su juventud y belleza para cautivar a un hombre mayor y comprometido.

ESTHER le expresó a Don Antonio su idea de viajar a Estados Unidos a buscar independencia económica y, por lo tanto, necesitaba que él se hiciera cargo de los hijos procreados entre ellos. Don Antonio no opuso resistencia y contestó de forma positiva de manera afable. Le reafirmó su acuerdo de que, a falta de ella, él estaría ahí para sus hijos.

CAPÍTULO 5

Erróneamente, ESTHER no se percató con seguridad de indagar sobre cuál sería el destino de sus hijos, ya que la esposa de Don Antonio jamás los aceptaría en su casa. Fue entonces cuando el dilema empezó a surgir y es cuando ESTHER, preocupada, trata de saber qué rumbo tomaría la vida de esos menores.

Ambos se pusieron de acuerdo para la recogida y entrega de los niños, el lugar, la hora y cómo sería su despedida de ellos. Pero nunca pensaron en lo que sentirían esas criaturas ni en lo que dirían al alejarse de su madre. No pensaron en las consecuencias emocionales, sociales y familiares que traería esta separación siendo menores, y mucho menos en lo que les depararía el futuro. El día llegó y fue el peor día de su vida, a pesar de poder ser el mejor por las expectativas que tenía de encontrar mejores oportunidades y una mejor vida para sus seres queridos. Pero no fue así. Su corazón latía apresuradamente, y la tristeza la invadía de una forma inexplicable, como si presintiera que lo que estaba haciendo o estaba por suceder no sería algo muy agradable.

En ese momento se sentía devastada y culpable, con sentimientos encontrados que no la dejaban pensar ni actuar con lucidez.

Era una tarde soleada, calurosa y al mismo tiempo agradable. El vaivén de las palmas de coco que rodeaban aquella humilde casa en las afueras del pueblo, especialmente las que adornaban el camino vecinal que pasaba al frente, desataba una brisa refrescante y cautivadora que abrazaba sutilmente los cuerpos acalorados y ardientes por el calor infernal caribeño. Las personas caminaban sudadas, con un brillo grasoso en su piel y un semblante de cansancio y, al mismo tiempo, de vitalidad debido a los rayos del sol que tocaban sus pieles.

Eran alrededor de las 2:00 de la tarde cuando ESTHER tomaba de las manos a sus dos niñas, una en cada lado, e indicaba que cada una hiciera su maletita con sus pertenencias. Con lágrimas en los ojos, recordaba que los vestiditos que llevaba aquel día de despedida los había hecho ella misma, no precisamente para esa ocasión, sino para su próximo cumpleaños que estaba por llegar. Las niñas apenas tenían 4 años de edad. Rosa Esther, una de ellas, era flaquita, con cabello grueso, ondulado y color marrón; su cara fina y alargada reflejaba un carácter pasivo, era muy tímida pero observadora, y se parecía mucho a su madre. La otra, llamada Flor Esther, menos delgada, era muy activa, curiosa, con una carita redonda y ojos grandes, pelo negro y fino, muy curiosa y alerta. Eran dos mellizas completamente diferentes en todo, desde los rasgos físicos hasta sus personalidades; muy fáciles de distinguir y reconocer una de la otra.

Caminaron por un pequeño y angosto camino que conducía desde la casa hacia las afueras, es decir, al camino vecinal, donde los padres habían acordado entregarlas. Mientras tanto, en el camino hacia el lugar destinado, una de las mellizas preguntaba: "¿A dónde vamos? ¿Por qué las maletas? ¿Mami, qué pasa?". Apenas con cuatro años, Flor Esther era muy curiosa y preguntadora. ESTHER cuenta que no sabía qué decir y un nudo atravesaba su garganta, así que optó por decirles que solo iban a visitar a su padre y estar con él unos días. La más calladita, Rosa Esther, no decía nada pero la miraba interrogativamente y muy triste, como si sospechara o presintiera el desenlace, lo cual partía el corazón de su madre.

Debajo de aquella mata de coco, las tres estaban paradas bajo la sombra del árbol, recibiendo el frescor de la brisa, cuando de repente se vio aproximarse un carro de color blanco. El auto que conduciría los destinos de estas niñas a un lugar desconocido y un futuro incierto, lejos de su madre. Don Antonio, con una sonrisa en sus labios que ESTHER describe como si estuviera feliz y complacido de llevarse a sus hijas, o más bien de que había ganado una guerra que aparentemente no existió, pero que internamente sí estaba viviendo.

Su actitud de regocijo y esa sonrisa marcada en su rostro, irónica y sarcástica, dejaba entrever que algo no estaba bien, pero ya era tarde; la decisión estaba tomada y tocaba hacer lo ya planeado, jugarse el todo por nada o por el todo.

Una vez se retiraron, Don Antonio y sus hijas, ESTHER dijo haber sentido el mundo desplomarse sobre ella. Vio las caritas de sus niñas tristes a través del cristal trasero del carro, alejándose de ellas diciendo adiós con lágrimas corriendo por sus mejillas y empañando sus miradas, hasta perderse en el camino. Solo las huellas de unas gomas marcadas en la tierra mojada a causa de una

Rosario Suárez
El Perdón A Mi Madre

pequeña lluvia ocasional que las había remojado quedaron impresas no solo allí, sino también en su memoria, imborrables e insustituibles. Así también quedarían las lágrimas que corrían por el rostro de esas niñas, tatuadas en sus corazones y mentes, probablemente para siempre.

CAPÍTULO 6

EL VIAJE DE ESTHER A EE.UU. Y SU PRIMER REGRESO

Cuatro hijos dispersos debido a la decisión de una madre sin esperanzas, con un futuro incierto, que optó por buscar su propia luz en lugar de brillar con la luz de otros, buscando vivir sin depender de alguien más para comer, vestirse o cubrir sus necesidades básicas. Esta madre, pensando en su propio bienestar y en el de sus hijos y demás miembros de la familia, decide viajar a Estados Unidos llena de sueños, ilusiones y, sobre todo, con mucha fe de que todo saldrá bien y que pronto reunirá a los hijos que dejó atrás. En realidad, ni ella misma sabía cómo calificar tal decisión ni cuál sería la palabra correcta para describir la acción que tomaría.

Llegó el día de su partida; todo estaba arreglado para que ESTHER dejara la República Dominicana, llevando consigo una pequeña maleta con lo necesario para cubrir su cuerpo, aunque sabía que la maleta más grande, la más pesada, la más añorada, la dejaba en casa. Allí dejaba a sus hijos, a sus padres, a sus hermanos, a la vida que tuvo al lado de un hombre impuesto, pero al que, aunque ya no amara, se había acostumbrado y que, de una forma u otra, también extrañaría en algún momento de su vida. Así mismo, dejaba atrás su patria, la tierra donde nació, sus raíces, su cultura, inmigrando a un lugar desconocido donde no sabía qué podría enfrentar.

ESTHER sintió el peso más grande que ninguna maleta puede cargar: el peso de la conciencia, el peso del remordimiento y la incertidumbre de no estar segura si estaba haciendo lo correcto ni de qué pasaría de ahí en adelante con sus cuatro criaturas.

Pero esto no detuvo a ESTHER. Ella prosiguió el curso, el flujo de su destino, y se embarcó en su búsqueda. Relataba ESTHER que fue muy emocionante el viaje; apenas tenía 23 años de edad y todo era nuevo para ella. Por primera vez, experimentó el placer y la emoción de sentarse en un avión y vivir realmente todas las cosas que escuchaba acerca de los aviones, de las alturas, de viajar a otro país. No podía creer que esa jovencita que venía de un campo, de un lugar tan pobre con tantas carencias, necesidades y lágrimas derramadas pudiera estar rumbo a un mundo nuevo, diferente, donde le esperaba una aventura para descubrir otros horizontes.

Aun así, en su cabeza llovían las ideas, las preguntas, las inquietudes de no saber qué le esperaba, qué iba a hacer allá, cuál sería su rumbo. Simplemente tomó el riesgo y llegó a su destino. Fue sorprendente e increíble para ella estar en un lugar tan diferente, con personas totalmente opuestas a lo que estaba acostumbrada, con rostros serenos, una conducta estricta y educada, un orden extremadamente visible, y sobre todo, una temperatura desbordantemente fría, todo lo opuesto al país del que venía, un país tropical, caliente por naturaleza, desordenado, bullicioso, indisciplinado, pero era su país y ya comenzaba a extrañarlo. Se sentía extraña, fuera de lugar, como una intrusa, como un pez fuera del agua. Notaba miradas curiosas, aunque físicamente parecía uno de ellos, se notaba que era extranjera.

ESTHER describió su primera experiencia como lo peor que le pudo haber pasado a su llegada. Dijo que nadie se percató de que iba a un país frío, y la ropa que llevaba puesta era extremadamente veraniega. Llevaba un vestido hasta las rodillas, sin mangas, de tela fina, una combinación de hilo con algodón, estampado con flores primaverales, y unos zapatos de suela plana muy descubiertos. ESTHER contó que al salir del avión, el cual aterrizaba en plena pista y debían caminar hasta la terminal para pasar por migración, posiblemente esto debió ser similar a uno de los aeropuertos de la República Dominicana, llamado el Aeropuerto Internacional de Punta Cana.

El Aeropuerto Internacional de Punta Cana está ubicado al este de la República Dominicana. Su construcción sigue un estilo muy especial, siendo su edificación de estructuras de madera con cubiertas de caña, muy tradicional y al aire libre, ya que es un país tropical donde el verano es eterno, y no sería problema para los pasajeros caminar hacia las terminales y llegar al departamento de migración. De acuerdo con las estadísticas en Wikipedia, este aeropuerto fue construido en 1983 y está reconocido como uno de los 50 principales aeropuertos internacionales de Latinoamérica y del Caribe, acreditado por la revista Latin Business Chronicle, basada en la información estadística suministrada por el Consejo Internacional de Aeropuertos.

Dicho esto, cabe resaltar que siendo contrario a los aeropuertos de Estados Unidos, donde mayormente es invierno, era ilógico vestir tan inapropiadamente a una joven que viajaba por primera vez. Pues bien, tan pronto salió del avión, a caminar ese trayecto, sintió sus piernas congelarse y todo su cuerpo.

No podía ni hablar, ni siquiera asir su pequeña maletita que portaba, pues sus manos estaban congeladas. Era pleno invierno, casi bajo cero, algo insoportable. Afortunadamente, las azafatas notaron esto, tomaron unas frazadas de las que ofrecen a los pasajeros y gentilmente la abrigaron, conduciéndola hacia la terminal. Según ESTHER, fue asombroso para ella ver tanta cordialidad y empatía por parte de gente que no conocía, y desde ese momento sintió que sí había llegado a un buen lugar y que algo le decía en su corazón que estaría bien. Pero, ¿era ese sentimiento real? ¿Era un presagio o simplemente una necesidad de protección que le hacía sentirse cuidada? ¿Estaba ESTHER esperando más de lo que debía?

Finalmente, ESTHER pasó por migración y todo el proceso transcurrió sin problemas, ya que su visado y demás fueron relativamente fáciles de conseguir en esa época, cuando viajar fuera del país no era tan complicado como lo es actualmente. En aquel entonces, eran pocos quienes tenían los medios y privilegios para hacerlo, pero ESTHER contó con la ayuda de la familia que vivía en EE. UU.

La realidad de ESTHER se estaba acercando, aparentemente todo estaba bien. Al principio, las cosas resultaron muy lindas y fáciles; sin embargo, cuando llegó el momento de la verdad, todo pudo tomar un giro diferente. Una vez en EE.UU. y en casa de la familia de su primo, fue recibida con entusiasmo. Llegaba la joven que ahora era toda una mujer, madre de cuatro hijos a los que dejó atrás para buscar un futuro.

Allí empezaron los comentarios, que según ESTHER, tenían un tono burlón y muy desconsiderado. Asegura que las palabras sonaban más a reproche, juicio y señalamiento que no la alentaban ni apoyaban.

A pesar de no haber ido a la escuela, ESTHER siempre fue una niña astuta, audaz, intuitiva, reservada, observadora e inteligente. Podía sentir las miradas invasivas como si la estuvieran desnudando con los ojos y las palabras malintencionadas que la hacían sentir avergonzada y rechazada. Era algo natural en ella.

De manera tímida, ESTHER abordó a su familia y les preguntó dónde viviría y cuál era el plan para subsistir, obteniendo como respuesta que quien la trajo o la animó a venir debía hacerse cargo de ella. Mágicamente, cada miembro de la familia empezó a apartarse de esa responsabilidad, no quedando otra alternativa que apoyarse en los hombros del primo que había tenido la idea de ayudarla a salir del país y que, además, había estado enamorado de ESTHER desde niños.

No era desconocido para ESTHER que su primo Armando la amaba, pero ella no estaba interesada en él; siempre lo vio como familia, nunca como un hombre, aunque reconocía que era hermoso, elegante, con una personalidad impresionante, muy humilde y compasivo. Sin embargo, en el corazón no se manda, ella no sentía química, amor ni nada sentimental que los uniera. Además, él era casado y tenía una familia muy numerosa.

ESTHER empezó a preocuparse y sentir que su intuición y percepción no estaban equivocadas. Su primo no tenía un lugar donde llevarla, así que recurrió a la casa de su madre, quien la quería como sobrina, pero tampoco estaba muy de acuerdo con esta solución, ya que Armando era un hombre casado y esto podría malinterpretarse. Sin embargo, la sangre llama y la familia está primero que todo, así que la acogieron en esa casa.

Los días pasaron y ESTHER, ya desconcertada y desesperada, inquieta por saber qué iba a hacer, decidió hablar con Armando y le pidió ayuda para conseguir un trabajo. Armando, su primo, le dijo que estaba difícil porque como inmigrante con visa, sin hablar el idioma inglés, se le haría muy complicado. No obstante, trataría de buscar algo para ella. Estas palabras quedaron en el aire, olvidadas con el paso de los días. Así que ESTHER buscó la forma de relacionarse con algunas personas cada vez que salía a hacer mercado y logró conectarse con alguien que le podría conseguir trabajo.

Lamentablemente, ese fue el grave error que ESTHER jamás imaginó. Armando se enfureció cuando ella le comentó tal idea y, no solo eso, le exigió que le entregara el pasaporte y la cédula de identidad, secuestrando sus documentos. Desde ese día, comenzó un nuevo infierno para ESTHER. Sus días se convirtieron en tragedia, en angustia constante; estaba sometida a una familia que la tenía como sirvienta de la casa. Luego, Armando se tomó la libertad de buscar un apartamento pagado por él para llevársela, prácticamente convirtiéndola en su mujer sin su consentimiento.

Debía ser su mujer, la abusaba sexualmente, tenía que cocinarle, lavarle y no atreverse a salir a ningún lado sin él; literalmente, estaba secuestrada.

Las dudas, la incertidumbre, el coraje, la incapacidad de no poder hacer nada se apoderaron de ella. Sin documentos, sin amistades, sin idea de qué hacer, solo le quedaba obedecer a todos sus caprichos. Pasaron meses, y la situación era cada vez más tensa.

ESTHER se pasaba llorando y pidiéndole que la regresara a su país; ya no quería permanecer con él y mucho menos ser su mujer.

ESTHER sintió que repetía la historia, los comentarios, las críticas y burlas de que era la amante de un hombre casado no se hicieron esperar, y es que nadie imaginaba su realidad, la forma en que fue inducida a vivir todo aquello. Primero lo hace su padre y ahora lo hace su familiar.

ESTHER entre lágrimas y oraciones, cansada de tanto abuso, incomunicada de sus hijos y familia, tuvo la brillante idea de unirse a su enemigo. Lo sedujo, le hizo creer que se estaba acostumbrando y enamorando de él, y poco a poco lo convenció de aceptar que ella tomara un trabajo que le habían ofrecido vendiendo ropa en una tienda cerca de la casa. Armando ya estaba más confiado, la relación entre ellos había mejorado; le agarró confianza y le permitió hacerlo. Hubo condiciones para aceptarle trabajar, eso sí: debía salir con él y llegar con él. Mantenía una constante vigilancia sobre ella; no salía a ningún lugar a socializar sino era con él, y ESTHER, por trabajar y agarrar experiencia, aceptaba todo; aparte de que no tenía opción, sus documentos estaban en sus manos y no tenía nada que hacer.

Pasaron unos años, y ESTHER seguía sometida a este hombre. La relación con él era mucho mejor; ya Armando le permitía hablar con la familia de vez en cuando, claro, bajo su supervisión para asegurar que no lo delatara. Pasaron unos años más, y ESTHER continuaba trabajando en diferentes lugares, ya que cuando le pedían sus documentos de residencia, no tenía que presentarlos e inmediatamente debía interrumpir

A pesar de todo esto, el hecho de estar de tienda en tienda le fue favoreciendo a ESTHER, llevándola al camino que ya estaba trazado para ella, y no se daba cuenta. Tan solo el hecho de haber comenzado en tiendas de ropa fue para ella una señal de que su sueño se haría realidad. Ser costurera era su mayor ilusión, y vendiendo ropa tenía la oportunidad de aprender sobre los diferentes tipos de tela y tejidos, el corte y confección de prendas de vestir, también los estilos y diseños de ropa, palpar la costura, los modelos, y esto la llenaba de placer y motivación.

ESTHER estuvo un par de años sin poder viajar, primero porque tardó en regularizarse como residente en EE. UU. y después porque, aun ya regularizada, su primo Armando continuaba con sus papeles secuestrados, y ella sometida a sus caprichos y órdenes. Pero, como dice el refrán, "no hay mal que dure cien años ni cuerpo que lo resista"; llegó el día en que ESTHER se veía obligada a viajar, sin lugar a dudas algo tenía que hacer porque el deber y la palabra que había dado al padre de sus hijos se tenían que cumplir.

Don Antonio falleció y ESTHER debía ir a recoger a sus hijos que había dejado en manos de su padre. Hijos que habían sido repartidos como mercancía, los varones en dos casas diferentes, con madrastras distintas, y las hembras con otra mujer. Para este tiempo, ya las niñas tenían 11 años de edad y los varones el mayor 15 y el menor 14.

Llegó el día en que era su sentencia o su muerte; o moría de dolor o viajaría a su país a resolver con su familia. Afortunadamente, Armando dio su brazo a torcer ante aquel imprevisto, y más aun sabiendo que cuatro criaturas esperaban por su madre, porque aunque fue cruel, abusivo e implacable con ESTHER, al menos mostró tener compasión con los hijos y le entregó sus documentos y le permitió viajar. ESTHER rebosaba de alegría, tal vez no era la misma que al salir del país porque esta vez su corazón palpitaba de emoción pensando en su llegada y volver a abrazar a sus padres, hermanos y sus hijos. Aunque también le sobresaltaba el pálpito al preguntarse qué haría con ellos, pues ya estaba posicionada en otro país y se debía a un trabajo que le permitía mantenerse ella misma, pero no a toda la familia.

ESTHER, en ese momento, supo que esto sería un desafío más en su vida o en su destino, pero también entendía que la recompensa a todos sus sacrificios llegaría. Al menos ya sentía haber recuperado la libertad en el momento que recuperó sus documentos; fue una sensación de libertad, de tener derecho nuevamente a elegir su camino, de dirigir su vida, porque clarísima estaba que de ahí en adelante la esclavitud que vivía con Armando tendría su fin.

El ego de ESTHER estaba elevado a su máxima expresión, solo de pensar que recuperaría el cauce de su destino, el control de su vida, y que nada ni nadie la detendría porque ya tenía territorio marcado para continuar sin desvío. ESTHER pensaba mucho acerca de lo que hizo en el pasado, o lo que le obligaron a hacer, pero esta vez ya no había miedo que la acompañara.

Ella sabía que había situaciones pendientes que algunas no podía entender ni siquiera sabía si perdonaría, pero que había la posibilidad de trascender, tomando responsabilidad por lo que sentía y el deseo de hacerlo mejor como madre, como mujer, como hija, como hermana y como ser humano.

Llegó el día, ESTHER con toda entereza, con fortaleza, decidida, llena de fe y esperanzas, pudo agarrar sus maletas y dirigirse rumbo al encuentro con la familia que había dejado atrás. Estaba tan emocionada que el tiempo parecía detenido en el espacio. Una vez a bordo de aquel avión, vinieron todos sus recuerdos de aquel día que tomó la aeronave para salir de su tierra. Sin embargo, hoy la tomaba para regresar ella, casi 7 años más tarde.

Todo era diferente, sus padres estaban allí parados frente a su humilde casita, llenos de ansias y orgullosos de ver a su hija. ESTHER se había puesto más hermosa que nunca, era toda una mujer, alta, bien vestida, con tacones que dibujan sus pasos y daban elegancia y seguridad a sus largas, definidas y fuertes piernas que dejaban huellas al caminar sobre ese camino de tierra y hacía la tierra polvorear. Su pelo largo, grueso, alborotado de color castaño dorado dándole un aspecto de mujer europea con estilo caribeño.

ESTHER corrió a los brazos de su madre a quien abrazó fuerte y tiernamente, y juntas se entremezclaban con sus lágrimas con tal emoción indescriptible de una madre y una hija. El júbilo era asombroso y contagioso, también los vecinos se acercaron a recibir a ESTHER, a darle la bienvenida y celebrar juntos su regreso.

Rosario Suárez
El Perdón A Mi Madre

Inesperadamente, ESTHER volteó a mirar a su padre, se veía muy delgado, triste, apagado, y los años se delataban en su cabeza cubierta de pelo blanco, al que a pesar de todo adoraba, era su ídolo, no importando lo que le había hecho; ESTHER lo había perdonado y se colgó de su cuello como lo hacía cuando era pequeña en busca de cariño, de apoyo y de comprensión de un padre frío y calculador que sólo tenía ojos y conciencia para la buena vida de manera fácil. Aun así, ESTHER no sentía ningún rencor por su padre, al contrario, lo compadecía, lo justificaba y hasta cierto punto entendía sus razones y lo disculpaba. El perdón siempre estuvo en sus corazones, porque en los corazones generosos y donde habita Dios siempre florecerá el amor y el perdón.

ESTHER amaba a su padre, pero su madre era algo muy especial y sublime. Pasó la noche, se levantaron, tomaron juntos el café, y conversaron de una y otra cosa por saber. ESTHER decide prepararse e ir al velorio del padre de sus hijos y recogerlos también. No tenía la más mínima idea de lo que haría, pero sí estaba determinada a resolver. En aquella esquina estaba la casa de Don Antonio, donde vivía con su esposa e hija. Una casa enorme, hermosa para la época, construida de una forma muy peculiar al estilo de Don Antonio, la describe ESTHER como con cierto estilo japonés en sus terminales del techo.

Tenía una galería larga corrida y tres diferentes alturas en el techo en forma de pirámides, algo no común en las casas de esa época; en general, sus techos eran planos. Ocupaba casi media cuadra, rodeada de una enorme pared que no permitía a nadie mirar hacia adentro por la parte trasera, tras un acontecimiento ocurrido con una de sus hijas.

La casa pintada de color azul y blanco, los colores de Don Antonio. Todas sus casas se reconocían en el pueblo por los colores, azul y blanco, y para colmo hasta su carro, un Oldsmobile blanco con asientos azules, un carro muy moderno, de guía hidráulico, para la época, pues era un hombre de buen gusto, tal vez un poco vanidoso.

ESTHER se acercó a la casa muy temerosa de lo que podía encontrar. Era odiada por toda esa familia. Fue recibida muy indiferentemente, casi ignorada. Recuerda ESTHER que sus hijos la vieron, pero los únicos que la reconocieron bien fueron los varones, ya de 14 y 16 años de edad, pero las hembras apenas 11 años. ESTHER nunca se enteró de que sus hijos habían sido repartidos, mantuvo una comunicación mínima, por no decir ninguna, debido al secuestro que vivía con su primo, su pareja. Cuenta ESTHER que las niñas se veían muy tristes, delgaditas pero no descuidadas. Ella sí pudo notar un ambiente tenso y como si algo bueno no estuviera pasando, sabía que algo grave se ocultaba, pero ya se acercaba el momento para descubrirlo.

Los 9 días del velorio pasaron en aquel tiempo lo usual en República Dominicana, como en muchos países era velar al difunto en la casa por unas horas, orando frente al fallecido, como parte de una la creencia religiosa y ritos de cuya religión se practicara.

Las personas acompañan a los dolientes como muestra de afecto y apoyo en su dolor. Todos vestidos de luto, es decir, en blanco y negro. También se acostumbraba hacerles de comer a los presentes, tomar café, té, cantar y llorar con los dolientes, durante el periodo de 9 días.

Pasados los 9 días, ESTHER fue llamada para ir a recoger a sus hijos y ella apresuradamente se dirigió a la casa nuevamente, ya que por respeto al funeral y a la familia no quiso intervenir antes. Una vez que ESTHER se presentó a la casa por sus hijos, desde luego esperanzada en que Don Antonio, el padre de sus niños, le habría dejado un techo donde vivir, porque según le habían contado en esos días ya en el país Don Antonio estaba muy rico y tenía casas por doquier y que había fabricado hogares para cada hijo. Las cosas no resultaron como ESTHER esperaba, pues al llegar a la casa donde habitaban sus hijos, allí la esperaba la hija única de matrimonio de Don Antonio con una actitud despectiva, arrogante y despiadada y le dijo que podía coger a sus hijos y largarse de su casa.

ESTHER, indignada por lo que dijo por parte de la hija de Don Antonio, por su actitud ruda, le reclamó que a dónde los llevaría porque ella no tenía casa y sus hijos merecían y tenían el derecho absoluto como hijos reconocidos y legítimos de Don Antonio a tener un hogar heredado.

Doña Hilda, la única hija del matrimonio mayor que ESTHER - Hilda le llevaba unos 20 años de diferencia-, con rabia y odio la echaba de la casa, la obligó a salir y a no reclamar nada, alegando que ella era la única dueña de todo lo de su padre. Pero ESTHER que ya era toda una mujer hecha y derecha, con más experiencia de la vida, también llena de dolor y con derechos, le exigió un hogar o de lo contrario ahí se quedaban, y le dejaba los niños ahí hasta venir con un abogado.

Fue entonces cuando después de una larga conversación y discusiones llegaron a un acuerdo de prestarle una de las casas de su padre mientras ella resolvía dónde establecerse con su familia. De ninguna manera ESTHER aceptó, más sí le dijo que allí se quedarían sus hijos por derecho y más que eso, debían recibir la herencia de su padre.

Después de una larga disputa y controversias, discusiones acaloradas, finalmente a ESTHER le fue otorgada una de las casas de Don Antonio, donde se fueron a vivir todos juntos, los padres de ESTHER, sus hijos y dos de sus hermanos. ESTHER tuvo que regresar a EE. UU. para seguir trabajando y poder sustentar a toda la familia. Esta vez, por gracia divina, al llegar a EE. UU., el apartamento donde vivía con el primo Armando había sido despojado, ya que él dejó de pagar el arrendamiento y por el tiempo que ESTHER tuvo que permanecer fuera de él debido a su viaje a República Dominicana, fue muy largo y lo perdió. De hecho, este fue el comienzo de su nueva vida, la oportunidad perfecta para liberarse de su secuestrador, buscar su propio lugar y desaparecer del yugo de Armando y es así como ESTHER toma control de su vida.

CAPÍTULO 7

MUERTE DE DON ANTONIO Y UN PACTO QUE CUMPLIR

Una nueva etapa comienza en la vida de estas cuatro criaturas, que sin saberlo sería su tercera prueba de supervivencia. Mientras ESTHER, vivía una pesadilla en Estados Unidos, ellos también vivían la suya en su país de origen, República Dominicana.

Cuando ESTHER entregó a sus hijos a su padre, Don Antonio, él los recibió pero no le dijo a su madre qué iba a hacer con ellos, a dónde los llevaría ni cuál sería su ubicación. Ni siquiera le informó quién sería la persona que los cuidaría; simplemente los recogió y se los llevó. Quizás ESTHER, muy confiada e inocente de lo que el padre haría, no indagó nada. Al llegar de su viaje por primera vez a la República Dominicana, ya con sus hijos y padres, tuvo la oportunidad de enterarse de muchas cosas, como por ejemplo que sus hijos no crecieron juntos. Su madre le contó que las niñas fueron llevadas a la casa de una de las concubinas de Don Antonio y los varones a la casa de otra concubina, donde no tenían comunicación entre ellos. Ni siquiera su padre los juntaba de vez en cuando, es decir, que estuvieron separados por 5 años y prácticamente no se conocían, ya que las niñas apenas tenían 4 años y los varones entre 9 y 8 años al separarse.

Todo esto ocurrió debido al rechazo de la esposa de Don Antonio, quien tajantemente se negó a recibir a esos niños en su casa tan pronto Don Antonio se lo propuso.

Con sobrada razón exclama ESTHER, ya que era la amante de su esposo, la madre, y ella había sufrido mucho por causa de esto. Fue así como Don Antonio no tuvo más alternativa que llevárselos a sus concubinas para que le ayudaran a criarlos en ausencia de su madre. ¡Pero qué grave error! Porque jamás se imaginó por lo que esos niños enfrentarían al exponerlos a convivir con personas que odiaban a su madre, que competían entre ellas, amantes y esposa; y que de alguna forma verían esas criaturas reflejadas en su madre.

Desafortunadamente, la esposa de Don Antonio murió cuando las niñas tenían ya 9 años de edad, y de inmediato Don Antonio trasladó a sus hijas del lugar que vivían con la madrastra y a los varones por igual a vivir a la casa de su matrimonio, donde los recibieron su hermana mayor primogénita, única hija de matrimonio, y otro hermano varón llamado Ángel, quienes eran desconocidos para ellos.

Lamentablemente, muchas personas no piensan en detalles como estos y toman decisiones sin analizar los futuros inconvenientes, traumas, estragos o daños que pueden causar a las víctimas e incluso a quienes les rodean. Escuchando esta parte del relato de ESTHER,

CAPÍTULO 7

recordé algo que leí muy interesante en un libro llamado "El Amor Inteligente", siendo su autor el pastor venezolano Carlos Aparcedo Mendoza.

En uno de sus capítulos, titulado "El Control de las Emociones" (capítulo 4), él define el concepto de emoción, tipos de emociones, causas y consecuencias, dependiendo del tipo de emoción y otros temas relevantes.

Esta pequeña cita conecta sin lugar a dudas con el relato de ESTHER, específicamente donde habla de "la libertad de tomar decisiones" y cómo esta decisión bajo una emoción puede afectar a los demás. Esto me impactó porque realmente no lo había visto de esta manera antes. Carlos Aparcedo dice en su libro que somos libres de tomar decisiones, algo que Dios nos regaló, llamado el libre albedrío. Pero, ¿acaso nos preguntamos al tomar una decisión cómo afecta esto no solo a uno mismo sino también a quienes nos rodean; ya sea familia, amigos, pareja, padres y/o hermanos?

Citando Don Carlos Aparcedo, que incluso siendo o sintiéndonos mayores de edad, usualmente decimos: "Soy mayor de edad y puedo hacer con mi vida lo que me plazca", ¿verdad? ¿Le ha pasado? Porque a mí sí... y lamentablemente, ha repercutido en otros muchas veces. Incluso el autor da un ejemplo como padre, donde veo claramente con lógica la verdad en todo esto; los hijos nos afectan con sus decisiones cuando se equivocan, quieran o no así es, lo que a ellos les pasa nos pasa a los padres también; lo que ellos sufren también lo sufrimos con ellos. Y viceversa, las decisiones de los padres también afectan a los hijos, pero casi nunca pensamos en eso.

Anteriormente, como una cadena generacional, aquí podemos ver un ejemplo exacto de lo que el autor plasma en su libro 'El Amor Inteligente'.

Los padres de ESTHER se equivocaron al tomar la decisión de darle su hija a un hombre a cambio de tanto agradecimiento sin su autorización, sin tomar en cuenta sus sentimientos, sus ideas y sueños.

Luego, ESTHER decide dejar al marido y a sus hijos para buscar un sueño o una liberación, sin pensar en las consecuencias y cómo les afectaría a todos los que la rodeaban.

ESTHER continuó su relato y dijo que, una vez de regreso, quedaron posicionados en la casa de sus padres sus hijos y dos hermanos, los cuales ella confiaba le ayudarían a sus padres a cuidar de los menores. Pero no fue así; la convivencia era extremadamente austera y tan pronto pudieron, cada hermano tomó su destino, quedando los niños a cargo de los abuelos, quienes eran bastante mayores. Prácticamente, serían cuidados por los menores, a decir verdad.

La convivencia entre hermanos, que más bien parecían enemigos, fue devastadora. Ya venían marcados desde el desarrollo de su niñez: primero, crecer separados; segundo, convivir con madrastras, personas extrañas, desconocidas e impuestas; y tercero, no tuvieron ninguna conexión familiar ni sentimental ni de afecto hasta ese entonces. Fue como comenzar otra etapa de sus vidas que ignoraban cómo hacerlo, desorientados, confusos, sin haber tenido la mínima terapia profesional después de aquella separación prematura de su madre, sin guía familiar, maternal. ¡Ah, porque vale pensar o preguntarse qué fue lo que ellos vivieron que solo en sus mentes estaba!

Nadie se preguntó ni les preguntó a esas criaturas cómo fueron sus vidas en esas casas, cómo les trataban, qué comían, cómo dormían; nada en absoluto.

Se criaron con personas desconocidas sin ningún parentesco con ellos. Ni siquiera su madre sabía si esos niños fueron libres de jugar, de expresarse, si acaso sonreían, se divertían, cómo pasaban su tiempo.

¿Les daban de comer cuando tenían hambre? Y ¿qué pasaba cuando una de sus necesidades básicas no era satisfecha? Seguramente, a esas edades no les importaba el futuro, porque solo vivían el presente. ¿Habrán ellos desarrollado lo que cualquier niño normal haría? Esa tendencia natural de ser felices, sonreír, disfrutar de la vida, jugar, explorar, ser amados y amar.

Ahí radica el comportamiento de unos menores que, sin proponérselo, sin pedirlo y sin compasión, sin consideración, les impusieron una vida extraña, triste, solitaria, y sobre todo, una vida sin amor. Era obvio que no tuvieron amor, ya que sus comportamientos los delataban. Indudablemente, esos niños reflejaban carencias afectivas, maltrato emocional, disfunción al socializar, psicológico, físico y mental. Sus actitudes y la relación entre ellos eran muy agresivas, indiferentes, introvertidas, nada sutiles, desconfiadas, tristes; prácticamente se mostraban desconocidos unos a otros.

Cuando hay amor, reflejamos amor; nos da la capacidad de proyectar y proporcionar amor. Lo cual era notorio lo disfuncional que sería de ahí en adelante la convivencia o interrelación familiar, o mejor dicho, que ya había sido desde un principio, desde el momento en que fueron separados y repartidos a diferentes hogares.

Como mencioné anteriormente sobre las posibles causas de disfunción que puede traer el abandono del hogar o separación de los hijos de los padres, cabe resaltar que ya estamos mirando consecuencias en estos niños y su vida futura. Como podrán notar, mencioné algunas de esas consecuencias muy visibles en esta historia, de las cuales mencionaré dos de ellas, muy bien reflejadas en este relato:

1) Impacto a largo plazo, que se reflejó en el tiempo que transcurrió para el encuentro de estas criaturas con su madre y sus hermanos, y que traería en el futuro dificultades entre ellos para relacionarse familiar y sanamente.

2) Efectos en la relación familiar, ya que se refleja de igual manera la tensión y los conflictos en la dinámica familiar, experimentando tristeza, dolor, desconfianza, problemas de conducta y desamor.

En su regreso a EE. UU., ESTHER logra conseguir un lugar para vivir sin ayuda de su primo Armando. Su independencia era inminente y algo tan inesperado ocurrió muy pronto en su vida. ESTHER logró entrar a un nuevo trabajo, en una factoría, donde fue bien recibida. Comenzó amontonando y doblando telas, cortando hilos, y terminó siendo costurera. El sueño de su vida estaba por volverse realidad, y ESTHER rebosaba de alegría. No cesaba de dar gracias a Dios por las bendiciones, por tantas tormentas que debió atravesar y no haberse caído. ESTHER dijo que su fe la mantuvo en pie; daba gracias a la vida por haber tenido instrucción de fe de sus padres, especialmente de su madre, quien cada día la veía orar y ponerse de rodillas para implorar.

El amor a su familia y el deseo tan grande de superarse, incluso en un país extranjero y confrontar todas las barreras que encontró a su paso, así como la limitación del idioma, lo que dificultaba comunicarse, la barrera cultural a la que debió adaptarse a nuevos cambios, como por ejemplo, la comida, la forma de vivir, las leyes, la disciplina, el orden y la responsabilidad.

Emigrar a un país extranjero trae consigo muchas dificultades y muchos retos, y más cuando llegas a un país con diversidad de culturas, lenguajes, educación y modales. Las personas que emigran de su país a otro enfrentan situaciones difíciles, desafíos y riesgos que deben superar. Todo esto no importa cuando en su tierra natal no tienen oportunidades de empleo, de educación, de salud, de acceso a comida y una vida digna, ni menos a su seguridad, que incluso pueden perder sus vidas.

No fue fácil, relata ESTHER, pero cada día lograba ser más perseverante, constante, valiente y consciente de la realidad y la responsabilidad que tenía con respecto a su familia. Así logró, aunque escasamente, apoyarlos a distancia y viajar al menos una vez al año, aunque para esto pasaron unos años más sin poder hacerlo mientras se organizaba, ya que sus hijos estaban en manos de sus padres y ellos se encargaban de cuidarlos. Pero, ¿los cuidaban realmente? Era su interrogante, porque sabía que sus padres ya eran mayores y tal vez necesitarían más ayuda que los menores. Indudablemente, si los cuidaban, era una situación difícil porque estaban aprendiendo a integrarse como familia. Y es que, a causa de la separación que hubo al ella marcharse, esto les hizo mucho mal a los cuatro hermanos.

Transcurrieron 3 años antes de que ESTHER volviera a su país, a reunirse con sus hijos y su familia nuevamente. Las hembras tenían, para ese entonces, 14 años y los varones unos 18 y 19. Al llegar a su casa, desde luego era algo novedoso, excitante.

Llegó mami y todo parecía felicidad y regocijo, pero había una realidad oculta, una verdad que ESTHER no se percataba y ni

CAPÍTULO 7

siquiera se preguntaba qué pasaba durante su ausencia. ¿Estaban sus hijas en buenas manos? ¿Cuidarían realmente dos adolescentes de sus hermanas? ¿Las querían y respetaban de igual forma que ella lo fue de sus hermanos?

ESTHER fue una joven muy sufrida desde la niñez a causa de su extrema pobreza, y no solo ella sino también sus hermanos. Pero hubo algo que siempre recalcaba en su relato y era el amor que sus hermanos le tenían, la forma como la cuidaban. La veían como su reina, la flor más bella del jardín. Era ella algo especial en esa casa, no alguien más de la familia.

Por esta razón, ESTHER no se preocupaba ni podía imaginar un trato diferente de sus hijos a sus hermanas. Las jovencitas le contaban algunas cosas que sus hermanos les hacían, pero ESTHER no le daba mucha importancia. Pero luego pasaban los días juntos, interactuando, una que otra salida con sus hijos y padres como hacen usualmente los que viajan. ESTHER pudo notar ciertas dificultades en la convivencia familiar, especialmente entre hermanos.

Llega de nuevo la partida, el retorno al lugar donde trabaja para sostener a sus familiares que dejan atrás y dejando también atrás una situación que tomaría tiempo mejorar.

ESTHER solo esperaba el tiempo de Navidad, el mes de diciembre que con tanta alegría se celebra en República Dominicana, para ver a su familia. Todo continuaba normal, pero hubo un incidente con una de las niñas y ESTHER tuvo que resolver antes de irse.

Una de sus muchachas tenía un problema de salud que, aun visitando varios médicos, especialistas y demás, no daban con el problema ni la solución. Rosa Esther había desarrollado una especie de eczema en su seno izquierdo, según el diagnóstico resultado de los exámenes practicados, y otros decían que era un hongo, luego que era una alergia y otros médicos apuntaban a algo peor. Rosa Esther, ya toda una señorita, estaba sufriendo mucho por esta condición, ya que era algo insoportable, incómodo. Todo el tiempo sangraba y salía un flujo de pus infecciosa, y lo peor es que no soportaba ningún brasier o tela sobre ella.

Era una tarde bien calurosa, y Rosa Esther no soportaba la incomodidad que sentía. Se quitaba la ropa desesperadamente y le gritaba a su madre que no aguantaba más, que quería que le cortaran el seno. Estas palabras calaron en lo más profundo del corazón de ESTHER y su madre, quien se arrodilló sobre el piso implorando a Dios la sanación de su hija con un llanto incontrolable y desgarrador. El dolor de ver a su hija así de desesperada. Pasaron unas horas y llegó la hora de dormir. La joven Rosa Esther, muy creyente, con una fe inculcada por su padre, quien siempre le hablaba sobre la palabra de Dios, la Biblia, se la leía y le permitía a la niña interactuar haciendo las preguntas que ella quisiera saber.

CAPÍTULO 7

La fe de Rosa Esther creció grandemente, y esto la hizo tomar su pequeña Biblia que reposaba siempre abierta sobre una mesa de noche junto a su cama. La colocó sobre su pecho y allí, en la soledad de su cuarto, elevó sus oraciones al Señor, como le habían enseñado. ESTHER.

Sin que su hija lo notara, la estaba observando detrás de la puerta entre medio de las dos hojas que la componen. Y así, agotada de tanto orar y llorar implorando sanación, le pedía a la Virgen de la Altagracia que, por amor a su madre, la sanara para no verla sufrir.

Al día siguiente, alrededor de las 7 de la mañana, Rosa Esther despierta, alterada, como quien despierta por una pesadilla con una expresión dc asombro y miedo al mismo tiempo, despertando a su madre, quien le preguntó qué le pasaba, qué había soñado o si fue una pesadilla que le asustó tanto. Pero la joven, aterrorizada o admirada, la miró y la abrazó llorando y sin saber qué decir o hacer, se aleja de ella y la mira e inclina su cabeza en dirección a sus senos. ESTHER miró y no vio nada, pero de pronto le preguntó si sentía algo, tal vez dolor. Le pidió que expresara qué pasaba, y la niña, asustada con voz temblorosa, le dijo: "Mira mi seno, mami, creo que algo está pasando". ESTHER no entendía y, al igual que ella, estaba asustada pero muy curiosa también, así que procedió a quitarle la blusa de su pijama. Al ver aquello, quedó sin palabras, con la boca abierta, y sus lágrimas rodaron por sus mejillas de emoción, sorpresa, alegría y también de incertidumbre. No comprendía nada.

ESTHER no podía entender qué había pasado, ni cómo llamar a ese suceso, a lo que sus ojos veían. No encontraba palabras, ni idea, ni razón; absolutamente nada podía razonar más que aquel maravilloso milagro que había ocurrido.

Un seno que antes lucía tres veces más grande que el normal, con su aureola siempre abierta, sangrando o destilando pus, hinchado, rojo y causando dolor, parecía haber sido operado.

Tenía tamaño normal, su color perfecto, presentaba unas punzadas como si lo hubieran cosido quirúrgicamente, no sangraba, no flujo, no dolor y, para colmo, su hija gritaba: "La virgen me curó, la virgen me curó". ESTHER no entendía, pero le creyó, oró y vio resultado, también su fe, y la que tenía su hija en la virgen. Entonces le dijo: "Cuéntame, hija, qué fue lo que viste, sentiste, soñaste o lo que sea, pero cuéntame".

Rosa Esther, su hija, le relató el sueño que había tenido al quedarse dormida en oración. También le pidió que no dijera nada a nadie y mucho menos la llevara al doctor, porque la virgen le dijo que le revelaría cuándo sería necesario hacerle cirugía en su seno, ya que presentaría otros síntomas más adelante. La joven no entendió el mensaje, pero por fe procedió a hacer lo que la virgen le indicó y rehusó rotundamente ser vista por ningún médico.

No obstante, hubo algo que la hija de ESTHER no le había dicho y que pareció ser parte de su milagro. Rosa Esther, a pesar de ser tan joven, con una fe cultivada y alimentada gracias a su padre Don

Antonio, quien le contó su hija, cuando llegaba del trabajo, su padre solía sentarse en la galería de su casa en una mecedora de caoba, que era su sillón preferido, a descansar y a pasar ratos con su hijita Esther, a quien llamaba "mi negrita", el mismo apodo que le tenía a la madre. Don Antonio reposaba ahí por unas horas y en compañía de un lagarto hermoso, grande de color verde, a quien él le tenía un pequeño plato para comer, con él a su lado, todos los días.

Además, un pequeño pozuelito con agua para que saciara su sed. Dijo Rosa Esther que esto era un acto tan fuerte de ternura y humanismo que también influyó en ella para amar a los animales.

También criaba conejos por docenas, aunque estos eran para consumo propio, ya que su carne era su preferida. Asimismo, tenía dos perros, pastor alemán, de color negro como el azabache, y un dóberman, color amarillo dorado. También tenía un chivo y un puerco, todos en el patio de la casa. Era un hombre amante de los animales y muy creyente en Dios. Sus virtudes las transmitió a su hija y a sus hermanos, razón por la cual Rosa Esther expresó amarlo tanto a pesar de no haber tenido la compañía, el amor y el cuidado que requería a temprana edad, y de no haber tenido tiempo suficiente para disfrutar de su padre, ya que murió cuando ella apenas tenía 11 años.

ESTHER relata que su hija absorbió mucho de la religión católica de su padre a través de las lecturas bíblicas desde temprana edad. Esta fue la razón por la que, a tan temprana edad, su espiritualidad era elevada y muy aferrada a su fe. Según su padre, Rosa Esther era muy inteligente, curiosa y hambrienta de aprender, lo cual a él le llamaba mucho la atención. Incluso decía que veía en ella la vocación para ser doctora, debido a su alto nivel de sensibilidad y preocupación por las personas enfermas. Según su padre, Rosa Esther siempre estaba buscando el bienestar de los ancianos, ya fuera en la calle o en la iglesia. Le daba masajes en las piernas para calmar el dolor, acariciaba su cabeza para relajarlo, recolectaba hojitas en los patios para hacer té, entre otras señales que indicaban su vocación en el campo de la salud.

ESTHER jamás imaginó lo que su hija Rosa Esther le había revelado aquel día que se quedó dormida orando a la virgen. Antes de dormir, al final de su oración, su hija contó que ella, angustiada y llorando, hizo una petición y rogó a la virgen de la Altagracia. A cambio de su sanación, hizo una promesa: Rosa Esther prometió casarse por la iglesia y, en el altar, dejar depositado su traje de novia, su velo y sus zapatos para que fueran dados a alguna joven que no pudiera comprar traje de novia y casarse. Aunque pareciera un acto grande y virtuoso solo para ella, casarse por la iglesia representaba para Rosa Esther un acto de reverencia, obediencia y fe.

A pesar de que le resultaba irónico la actitud de su hija, ESTHER sentía orgullo de que, a pesar de las circunstancias de infidelidad de su padre, su hija había adquirido bien el concepto del matrimonio y el respeto, inculcados por su padre a través de las lecturas bíblicas.

ESTHER enfatizó que Rosa Esther, basada en su fe y conocimiento de la Biblia, encontró un texto bíblico que marcó su mente y su vida respecto al matrimonio. Según las Sagradas Escrituras, en Génesis 2:18, el matrimonio es cosa de Dios, enfatizando en el versículo 24: "Será llamada mujer y del hombre formada; y serán una sola carne". Así, la joven Rosa Esther creció con la idea y creencia en la unión matrimonial por la iglesia, y su deseo de obedecer a Dios la llevó a decidir que su futuro esposo debería aceptar el matrimonio por la iglesia. Por ende, Rosa Esther pensó que la promesa hecha fue aceptada por la virgen a través de ese milagro. Su seno curado había sido la señal, el compromiso que asumió y la promesa que debía cumplir.

Sin embargo, quedaba una interrogante de por medio que la madre de Rosa Esther le hizo a su hija: "Hija mía, ¿pero qué fue lo que soñaste? ¿Cómo te reveló la virgen lo que dices?".

Rosario Suárez
El Perdón A Mi Madre

CAPÍTULO 8

CONVIVENCIA FAMILIAR Y UN SECRETO POR REVELAR

Felizmente, Rosa Esther continuaba gozando de buena salud después de aquel evento milagroso ocurrido en su estancia en la República Dominicana. Sin embargo, tristemente, ESTHER debía regresar a Estados Unidos, donde la esperaba seguir trabajando para sustentar a la familia: sus cuatro hijos, padre, madre y dos hermanos. Aunque los hermanos se habían independizado, lo cual preocupaba a ESTHER, ya que los trabajos eran escasos en el pueblo y la paga era insuficiente. De vez en cuando, ESTHER tenía que enviarles dinero para ayudarles a sobrevivir en sus necesidades básicas diarias.

ESTHER luchaba por sobrevivir en países, como le dicen a los viajeros, "cogiendo lucha". Del otro lado, en la República Dominicana, cuatro adolescentes intentaban entenderse y convivir como familia de manera desequilibrada y disfuncional. A pesar de las dificultades, estaban haciendo lo mejor posible. Sin embargo, ESTHER no podía hacer mucho más que aconsejarles y guiarlos por teléfono, siendo escuchada mínimamente.

Los padres de ESTHER estaban envejeciendo y con ciertas condiciones de salud que limitaban su aporte. Las niñas, a pesar de las órdenes de su padre a las ayudadoras de la casa, estaban acostumbradas a tener niñeras, ser llevadas a la escuela, recibir ayuda con las tareas escolares y acompañamiento a la iglesia, entre otras cosas.

Fue muy duro para ellas, a tan temprana edad, asumir roles de madre para sus hermanos, quienes abusivamente les imponían las responsabilidades de una ama de casa, específicamente lavar, planchar, limpiar zapatos e incluso cocinar cuando la abuela estaba enferma. Prácticamente, se les asignó un papel de madre a la edad de apenas 11 años.

Increíblemente, lo hacían bien, pero era demasiado trabajo para dos niñas adolescentes que también debían ir a la escuela y tener una vida social. Sus vidas eran coartadas, limitadas, controladas y manipuladas por dos hombres en plena pubertad, sin guía maternal, sin conciencia de sus actos y llenos de rabia, con un vacío en sus corazones por la falta de una madre cuando más la necesitaban. No podían adaptarse porque estaban heridos, traumatizados, llenos de inseguridades y con preguntas sin respuestas, alimentados por los recuerdos de un padre alcohólico, infiel y manipulador.

ESTHER me miraba con mucha tristeza al relatar lo acontecido con sus hijos después de su partida hacia Estados Unidos. Aunque confió en que la relación entre hermanos sería tan buena como la que ella tuvo con los suyos, las circunstancias fueron muy diferentes. Sus hermanos y ella nunca fueron separados ni alejados de sus padres, solo aquellos que decidieron hacer su vida como adultos lo hicieron voluntariamente. ESTHER creció con el amor y el cuidado de su madre y su padre, aunque este último la falló en algún momento de manera tal vez inconsciente e ignorante. Sin embargo, ella permaneció con él, amándolo y perdonando sus errores.

Con lágrimas en los ojos, llena de pena, remordimiento y culpabilidad a sus 84 años, recordaba y le dolía lo que inconscientemente y por falta de experiencia había hecho. ESTHER narró que cuando llamaba por teléfono a sus hijos y hablaba con sus hijas, una de ellas, Rosa Esther, la insultaba, le reclamaba y la acusaba de abandono. Le decía cosas que le herían profundamente el corazón, pues sabía que su partida fue algo doloroso y traumático para ellos. Asumiendo su angustia y remordimiento, seguía en su lucha, rogando a Dios para que algún día su hija la perdonara y entendiera que solo buscaba lo mejor para todos.

Mientras tanto, en República Dominicana, estaban los cuatro hijos entre pleitos, golpes, dictadura, contiendas y desacatos. Los varones tomaron la iniciativa de montar un taller de motores en la marquesina o garaje de la casa para obtener algo de dinero, ya que lo que su madre enviaba no era suficiente.

Con esta idea, las hembras serían las que sufrirían las consecuencias. Debido al trabajo sucio de la mecánica, llenaban sus ropas de grasa de manera inconcebible, y a esas dos criaturas de 14 años les correspondía lavar y sacar esa grasa a puro puño. Pobre de ellas si dejaban una pinta de grasa, porque según ellos, la próxima vez debían hacerlo bien.

Los abusos aumentaban; cuando les tocaba cocinar y al no tener suficiente experiencia, el arroz quedaba duro, seco o quemado. Enojados, botaban todo a la basura, obligándolas a hacerlo de nuevo. Era impresionante el trato a dos menores, a sus propias hermanas. Debían plancharles perfectamente, incluso los calcetines debían estar súper blancos y bien estirados.

Rosa Esther le contó a su madre que cuando no hacía los pliegues de los pantalones perfectamente alineados, el mayor tomaba una correa y a puros fuetazos la obligaba a planchar de nuevo. La niña, con torrentes de lágrimas que humedecían el pantalón, obedecía a sus órdenes. Seguramente, en esos momentos, una pregunta cruzaba la mente de un niño: "¿Dónde está mi madre?", o tal vez ni eso, porque siente que nunca la tuvo, al menos cuando más la necesitaba.

Ya tenían 16 años y las jóvenes estaban cansadas del maltrato, los golpes, los castigos y las muchas limitaciones, incluso ni siquiera les permitían tener amigas. Orgullosamente, ESTHER hablaba de su hija Rosa Esther, la "Negrita", como le decía su padre. Cuenta que, a pesar de ser rebelde, reclamadora y resentida, era muy inteligente y aplicada. No dejó de asistir a la escuela, se graduó de bachiller a los 16 años y luego comenzó a trabajar como secretaria en una inmobiliaria. Además, ingresó a la universidad para estudiar secretariado ejecutivo y así desempeñar mejor su labor.

La niña daba indicios de querer superarse y destacarse en los estudios. Uno de los varones también ingresó a la universidad y se graduó de ingeniero civil, mientras Antonio, el mayor, solo alcanzó el bachillerato, centrando su interés en los motores de carrera y la mecánica. En cambio, la otra niña, Flor Esther, al nacer unos 45 minutos después que su hermana, tuvo una condición cerebral que afectó su aprendizaje, por lo tanto, nunca pasó del tercer grado.

Llegó un momento inesperado: el matrimonio de Flor Esther, quien repentinamente aceptó casarse con un joven muy apuesto y querido en la familia.

Desde que llegaron al vecindario de la casa de su padre, le confesó haberse enamorado locamente de ella y le pidió que fuera su esposa. Aunque los padres del joven se lo llevaron a vivir a EE.UU., viajaba a la República Dominicana todos los años, lo que les dio la oportunidad de relacionarse. Flor Esther aceptó casarse a los 17 años, y ESTHER, su madre, no se opuso. Se fijó la fecha de la boda, y por ese motivo, ESTHER regresó a la República Dominicana nuevamente. La boda fue hermosa, uniendo a dos jóvenes que prácticamente habían crecido juntos, con la esperanza de que tendrían una buena relación, con la bendición de Dios. Después de unos días, ESTHER regresó a EE.UU., dejando a Rosa Esther y a sus hermanos en casa, ya que Flor Esther se fue con su esposo a la casa de sus padres mientras le arreglaban su residencia para viajar a EE.UU.

Rosa Esther era una joven decidida y obstinada, llena de dolor, trauma, rencor y mucha rabia. Su madre la describía con frialdad, dureza y lejanía en la mirada, mientras al hablarle, destilaba sed de preguntas que tal vez ni ella misma tenía respuestas en ese momento. ESTHER no sabía cómo abordarla, ya que su temperamento fuerte y, al mismo tiempo, tierno la intimidaban. Aunque rebelde y fuerte, no era agresiva. Al contrario, era muy quieta, pasiva y observadora; solo hablaba y decía lo que nadie quería oír si la provocaban.

Rosa Esther, al igual que su hermana, creció jugando y relacionándose amistosamente con un joven al que su padre, don Antonio, consideraba como un hijo. Este joven, llamado Danny, era el hombre que su padre decía que se casaría con Rosa Esther cuando creciera, ya que era hijo de su mejor amigo y lo quería como su yerno.

Rosa Esther nunca vio a este joven con interés, a pesar de su atractivo, fuerza y provenir de una excelente familia. Sin embargo, no era su tipo, y esto le recordaba a su primo Armando. Por lo tanto, no insistió en ese asunto; nunca la animó ni le impuso nada para que no viviera lo mismo que ella en dos ocasiones.

CAPÍTULO 8

ESTHER relata que su hija le confesó haber intentado, siendo joven, establecer una relación amorosa con el joven, pero no pasó de un simple beso. Contó que descubrió que salía con otra chica, los sorprendió juntos besándose, le reclamó y le dio una bofetada. Su hermano mayor, por instigación, le vociferó "dale duro, coño, para que respete a los hombres", una acción típica de los machos latinos. La bofetada fue tan fuerte que sus oídos resonaban de dolor y un zumbido ensordecedor. En sus orejas colgaban dos aros de oro que ESTHER le había enviado de cumpleaños desde EE.UU. y que ella adoraba, pero la bofetada fue tan fuerte que los aros se desprendieron, y jamás los encontró. Además, se le hinchó la cara por un par de días, generándole miedo y rencor, por lo que nunca más quiso saber de él.

La reacción agresiva de Rosa Esther quizás no fue la apropiada, pero era comprensible dadas las circunstancias. ¿Cómo no reaccionaría así una joven que venía de hogares disfuncionales, de padres separados, de convivencias con personas que la maltrataban? ¿Falta de cariño, ternura, comprensión y amor? ¿Alguna vez les preguntaron cómo las trataron esas amantes de su padre? Desafortunadamente no, ESTHER cuenta que nunca se atrevió ni se le ocurrió hacerlo, tal vez por miedo, remordimientos, culpabilidad, lo cual la mantuvo evadiendo esa conversación.

Para Rosa Esther, eso fue todo. Había vivido mucha violencia desde la niñez y entendió que ese hombre podría ser un maltratador y abusador de mujeres en el futuro. Además, ella también tenía que trabajar en su ira y agresividad. ESTHER continuó su vida normal y dejó esa aventura tan corta a un lado. Hasta que un día, Rosa Esther contó que saliendo de su trabajo y esperando su autobús que la transportaría a la universidad fuera del pueblo, tuvo la oportunidad de conocer al primer amor de su vida, quien, solo al verlo, le clavó una espina en el corazón y llenó su estómago de mariposas. Le contó a su madre que ese día supo que ese sería el hombre de su vida, sin imaginar lo que le tocaría vivir de ahí en adelante.

Rosa Esther, su hija, le contó que el mismo día que lo conoció, le dio una bofetada por algo que le dijo. ESTHER sonrió, no de orgullo, pero le resultaba gracioso que su hija fuera tan peleona, tan brava. ¿Le preguntó qué pasó esta vez? Y ella le dijo: "Resulta que el muy atrevido se detuvo en su jeepeta para darle un aventón, algo muy común para esa época en la República Dominicana. Le preguntó, ¿qué hacía una joven tan bella ahí parada, poniendo en riesgo que se la llevaran?". A ella le pareció gracioso y le sonrió, aparte de que le gustó de primera vista.

Luego, el joven, muy apuesto, de pelo negro, lacio peinado todo hacia atrás, sin camisa y con una toalla blanca colgada al cuello, que le hacía un contraste armonioso con su color de piel canela, una sonrisa amplia de labios carnosos y una dentadura que al sonreír parecían perlas naturales, reflejaba alegría. Era hermoso y él lo sabía.

El muy descarado le dijo: "Olvídate de esa universidad y vámonos al río a pasarla bien". Fue ahí cuando ella se subió a su carro y le dio una tremenda bofetada, lo insultó y luego se bajó del vehículo para abordar su autobús que acababa de llegar.

A simple vista, parecería o sería juzgada como una joven agresiva y violenta. Obviamente, hubo algo de esto, pero habría que saber cuál fue el motivo, el motor que la impulsó a tomar estas actitudes tan violentas.

Relata ESTHER que Rosa Esther había pasado por ciertos eventos de violencia desde niña, primero con la madrastra y luego con sus hermanos. Evidentemente, esto no estaba resuelto en su conciencia y posiblemente esta joven necesitaba ayuda profesional y orientación familiar, la cual ESTHER no sentía capacidad ni moral para proporcionar, según ella relató.

Rosa Esther fue perseguida, asediada y cortejada por un par de meses por ese joven. A ella no le era indiferente, ya que desde el día que lo conoció, supo que algo sentía por él y se dejó seducir, terminando en un noviazgo. Una relación hermosa, con un hombre espectacular, que la trataba como una reina. Era su vida, no existía mujer más linda que su novia ante sus ojos, era su todo, respiraba por ella.

No pasaba un día de su vida en el que no le llevara flores a su escritorio, siempre pendiente de sus necesidades, qué comer, qué vestir, de pasearla los fines de semana. Era algo demasiado bueno para ser verdad, como dirían los americanos en su idioma inglés, "too good to be true".

Esta relación le trajo a Rosa Esther muchos problemas con su hermano mayor, Antonio, quien desde el momento que supo de su enamoramiento la amenazaba y la maltrataba físicamente cuando alguien le contaba que la vieron con el joven. El hermano mayor de ESTHER trabajaba como vendedor en esos momentos, vendía alcohol de una marca muy reconocida en la República Dominicana. El joven enamorado de Rosa Esther también era vendedor de alcohol, pero de la marca opuesta, es decir, la competencia, calificada en el mercado como la número dos en su nivel.

El joven forastero, enamorado de Rosa Esther y proveniente de otra ciudad, la llevó a ser la número uno con sus experiencias en ventas, sus estrategias de mercadeo y su habilidad de persuasión en esa compañía. Era respetado y muy querido, se dio a conocer rápidamente y alcanzó el puesto de supervisor en toda la parte central del Cibao, es decir, al norte del país.

Esta situación, debido a celos profesionales y además celos por ser el enamorado de su hermana, llevaba a su hermano a un extremo de ira incontrolable que descargaba sobre ella, con asedio, persecución, abuso verbal y físico. Hasta un día en que la joven Rosa Esther se reveló, se enfrentó a su hermano. Este le dio bofetadas con aquellos brazos fuertes, musculosos, desarrollados con pesas y fisicoculturismo, y con una estatura de unos 6 metros de altura. Fue una osadía y un acto de rabia el enfrentarse a este hombre por parte de Rosa Esther, pero lo hizo. Respondió con golpes de igual manera, perdió el miedo y hasta ese día concluyó su dominio.

A partir de ese día, Rosa Esther tomó el mando de su vida. Se acabó la sirvienta que les cocinaba a sus hermanos, les lavaba, les planchaba y obedecía todos sus caprichos. Rosa Esther se liberó, prácticamente tomó las riendas de su destino, aunque sus principios inculcados por su padre no le permitían hacer nada indebido. Le contó a su madre que tuvo oportunidad de muchas cosas, e incluso fue seducida e inducida a consumir drogas, prostitución y mucho más. Sin embargo, cada vez que algo así la tentaba, se ponía de rodillas y rogaba a Dios por su sabiduría para entender, rechazar y ser guiada por la palabra que su padre le enseñó mediante las lecturas bíblicas.

Rosa Esther había vivido eventos peligrosos en su vida, como secuestro, intento de violación con una pistola apuntando a su cabeza, acoso sexual a sus 10 años por un tío y acoso sexual también por parte de otro familiar a sus 16 años. Estas experiencias marcaron profundamente a Rosa Esther y tal vez por esa razón siempre vivía a la defensiva, especialmente con los hombres. Aun así, mantenía una actitud alegre, extrovertida, sociable, amable y bondadosa, sin dar muestras de lo que llevaba en su interior. ESTHER relató que la fortaleza de Rosa Esther se forjó a través de numerosos sufrimientos y su constante búsqueda de protección espiritual, fe y adhesión a las creencias inculcadas por su padre.

Pasaron dos años de relación entre Rosa Esther y su novio. Aparentemente, era seria, dedicada y comprometida, tanto que estaban decididos a contraer matrimonio. Juntos buscaron una casa, y Rosa Esther se encargaba de arreglarla en su tiempo libre: pintarla, sembrar flores, limpiarla y mantenerla bien hasta ocuparla con su futuro esposo.

Las amigas de Rosa Esther no podían creer que un hombre pudiera ser tan bueno y perfecto. Una de sus amigas, "la rubia", muy curiosa y protectora, aseguraba que algo se escondía y estaba decidida a descubrirlo.

Efectivamente, "la rubia", amiga de Rosa Esther, a quien ella quería mucho y llamaba así a escondidas, emprendió un ataque de vigilancia, asumiendo el papel de espía. Se dedicó a seguir al novio y consiguió la dirección de la familia, es decir, de la casa materna, donde se introduciría para obtener información sobre el encantador novio. A pesar de las sospechas de su amiga, Rosa Esther no creía nada de lo que le decía, desconfiaba de que él escondiera algo en su vida. La relación entre ellos se profundizó y, al cabo de dos años, en un día cualquiera, el joven enamorado le pidió que se casara con él, mostrándole, por solicitud de ESTHER, sus identificaciones, las cuales estaban en perfecto orden.

CAPÍTULO 8

Rosa Esther era muy joven, y aunque había tenido la suerte de no caer en otras redes peligrosas, esto era diferente porque aquí se había formado una relación fuerte desde el día que lo conoció. ESTHER se aferró mucho a un ser lleno de ternura, amor, dedicación, devoción; su corazón y mente solo escuchaban lo que él le decía. Un día cualquiera, fueron a la casa que estaban preparando para su supuesto matrimonio, y allí, sin que ella supiera qué iba a hacer, simplemente se dejó llevar. Su novio comenzó a acariciarla, a seducirla con ternura y debilidad que mostraba ante ella. Rosa Esther reveló sentir cosas que nunca había experimentado, sin saber qué hacer ni decir, ya que sentía que él era su dueño, como si le perteneciera, dominando sus instintos y deseos.

A pesar de todo, realmente no sabía lo que era estar íntimamente con un hombre, y él sí sabía lo que hacía. Ella, inocentemente, le preguntó: "¿Qué haces? ¿Por qué me tiendes en esta cama? ¿Por qué tocas mi cuerpo de esa manera?". Él, mirándola tiernamente a los ojos, pasando suavemente su mano derecha recogiendo su pelo que caía en su frente, besó sus párpados y amorosamente le expresó: "Hoy serás mía, me perteneces y nadie más deberá tocarte de ahora en adelante, solo yo, tu amor, tu futuro esposo, el hombre de tu vida, y tú, mi amada, mi cielo, mi eterno amor". Fue entonces cuando sintió un dolor tan grande que gritó, se apartó de ese lugar y llorando le dijo: "Me has hecho daño, no quiero saber más de ti". Él quiso abrazarla y decirle que no era malo, simplemente la hizo su mujer mientras ella sangraba asustada. Salió de allí corriendo y se refugió en su casa para llorar y pedir a Dios que la iluminara, ya que no sabía qué le habían hecho.

Esas palabras quedaron sembradas en su corazón y ya se creía la propiedad de su novio, pero aun así, no se dejó tocar nunca más. Rosa Esther se atrevió a confesarle lo sucedido a alguien que quería como una madre, y esa persona le explicó lo que le habían hecho. Fue entonces cuando Rosa Esther decidió hablar con su novio y le juró que nunca más la tocaría hasta el día de su matrimonio, como debía ser.

Muchos pensarían, y ¿cómo es que se defendió de otros y de éste no? Así es, están en la pregunta correcta. Este hombre tuvo el escenario perfecto para seducirla con amor, ternura, malicia, experiencia y dulzura; elementos básicos para conquistar a una mujer atravesada por situaciones tan difíciles como el abandono, el maltrato físico y el abuso mental.

El desamor de la familia, una niñez frustrada y una adultez prematura y traumática. Pero, los días pasaron; Rosa Esther no les dijo nada a sus amigas, y gracias a Dios no pasó de ahí ni hubo ningún embarazo. Tampoco buscó ayuda; se sintió tan avergonzada y desconcertada que no sabía qué hacer. Esto quedó entre ella, su novio y la madre sustituta que ella había elegido. Pero fue aquel día que se encontraba sola en casa cocinando cuando su amiga "la rubia" llegó y le dijo: "Amiga, ven conmigo, quiero mostrarte algo".

Su hermano mayor se había casado y se fue a vivir a los EE. UU., al igual que su hermano menor, que vivía en otra ciudad donde estudiaba y también se había casado, emigrando también a los EE. UU., siguiendo a su hermano Antonio. Dadas las circunstancias, Rosa Esther quedó sola en la casa que su padre había construido para ella y sus hermanos. Todavía la situación de la herencia no se había aclarado, pero seguían ocupando la casa con la esperanza de poseerla definitivamente. Rosa Esther vivía sola, los abuelos enfermaron y sus hijos se los llevaron a vivir con ellos para brindarles el cuidado que esos jóvenes no podrían proporcionar.

La madre de ESTHER, Doña Fernández, falleció, y su hija no pudo ni siquiera ir a enterrarla, ya que también estaba en una condición de salud delicada y no podía abordar un avión. Luego murió su padre, y ESTHER tampoco pudo ir debido a la situación económica tan precaria que estaba atravesando; desafortunadamente, tuvo que sufrir doblemente el dolor de su muerte y la ausencia en esos momentos difíciles.

ESTHER también conoció, en esos años, a un hombre de Higüey que conquistó su corazón y lo amó intensamente. Dijo que no había sentido por nadie lo que sintió por él. Encontró a esa persona que le brindó paz, ternura, libertad, apoyo emocional, moral y económico, y esto la enamoró de él. ESTHER pensó que, en su momento, lo llevaría a su país para que su familia lo conociera. Les tocó a los otros tres hermanos de Rosa Esther conocerlo primero, ya que residían en los EE. UU. Indudablemente, esta joven necesitaría más que nunca el apoyo de alguien, ya sea madre, hermana o cualquier otro familiar, pero solo las amigas estaban a su lado. Rosa Esther siempre fue muy selectiva con sus amistades, ya que las malas experiencias que había vivido las protagonizaban mujeres. Por esa razón, siempre se inclinó más hacia el género masculino, aunque también hacían de las suyas, pero, según ella, los hombres, cuando son amigos, hablan de temas interesantes, mientras que las mujeres siempre estaban envueltas en chismes, comentarios inapropiados, competencias vanas, envidias y críticas, cosas que no le agradaban.

Algunas fueron las confesiones que tuvo Rosa Esther con su madre, pero otras aún no han sido reveladas. Por ahora, ESTHER estaba enfocada en su hija que se quedó sola. ¿Qué rumbo tomaría con tanta libertad?

ESTHER no podía ir a cuidarla, eso era casi imposible, ya que más que nunca necesitaba mantenerla, ocuparse de sus estudios y tratar de llevarla a Estados Unidos.

CAPÍTULO 9

EL ENGAÑO, LA MENTIRA Y UN COMPROMISO

Fueron tiempos difíciles para una joven que desde su niñez había crecido con una mentalidad de carencias afectivas, de agresiones y maltratos que no le permitían otra cosa más que sobreprotegerse a sí misma. Tal vez sus actitudes o reacciones agresivas ante las circunstancias de la vida, que dicho sea de paso, no fueron nada favorables para Rosa Esther.

Aquel día en que la amiga de Rosa Esther fue a buscarla a su casa alrededor de las 11 de la mañana, era un sábado, en casa, tranquila y haciendo los quehaceres del hogar. Repentinamente, llegó para llevarla a un lugar a presenciar lo que sería la estocada certera para hacer que esta joven tierna, enamorada e inocente en ciertas áreas de la vida abriera sus ojos a la cruda realidad de una ilusión que vivía.

Cuando "la rubia", su amiga, hizo presencia en casa y la encontró en la cocina preparando alimentos para su almuerzo, la tomó del brazo, quitándole de la mano derecha aquel cuchillo afilado con el que cortaba un trozo de steak, y le ayudó a despojarse de aquel delantal estampado con flores primaverales que colgaba sobre su vestido. Le hizo lavarse las manos olorosas a ajo y cebolla, a ponerse calzado y dirigirse las dos hacia la moto que pertenecía a Rosa Esther para emprender un camino que marcaría un antes y un después en la vida de esa joven.

Apresuradamente, aceleraron aquella moto y llegaron al lugar del hecho. Allí se dio cuenta Rosa Esther de que estaba frente al lugar que era la ubicación de su casa donde supuestamente ella viviría al casarse con su novio Bolívar. Aparcaron su vehículo frente a la casa.

Desde allí pudo observar el espectáculo, un camión desmontando las pertenencias de una señora que felizmente cargaba un bebé de unos meses en sus brazos. La señora, de estatura baja, piel color canela, pelo corto al cuello negro muy hermoso, no imaginándose siquiera que detrás de ella, a su espalda, estaba quien con un corazón destrozado lloraba mientras ella sonreía.

Por la mente de su amiga, "la rubia", contó Rosa Esther, estallaba el deseo de decirle: "Te lo dije que algo ocultaba ese hombre", pero no se atrevió a ver el inmenso dolor y la desesperación que veía en su rostro. La rubia la tomó de la mano, la acercó a ella y la abrazó, postró su cabeza sobre su hombro en señal de apoyo. Rosa Esther lloraba desconsoladamente y le pidió llevarla de vuelta a casa. Estaba todo descubierto, la esposa de su novio ocupaba el lugar que le pertenecía, a ella solo le restaba retirarse.

Destrozada por dentro, se retiró, se fue a casa, se tendió en la cama a llorar desconsoladamente, con gritos de frustración, de rabia y de gran amargura. ¿Preguntaba a Dios por qué le pasaba esto? Sin encontrar una respuesta, la rubia la acompañó tratando de calmarla, pero nada lograba. Luego, Rosa Esther le pidió dejarla sola para pensar y ordenar sus ideas.

Una vez retirada su amiga, se dejó caer de la cama al piso y poniéndose de rodillas en súplica a su dios por consuelo y resignación. Pidió sabiduría para entender lo que le estaba pasando y que no podía creer.

Unas horas después de quedarse dormida, despertó más tranquila y retomó sus quehaceres domésticos como tratando de no pensar. De repente, se dirigió hacia la puerta de su habitación y agarró un garrote, un palo gigantesco que, en caso de emergencia, usaría como defensa, como medida de protección en caso de que alguien la asaltara. Tomó el palo y lo colocó detrás de la puerta de la sala y continuó cocinando.

Seguramente su novio no tardaba en llegar, pensó Rosa Esther, pues acostumbraba a ir a darle un saludo después de trabajar para asegurarse de que ella estaba bien y de cómo fue su día cuando estaba en casa los fines de semana.

Efectivamente, el novio, Bolívar, se presentó con un ramo de flores a visitar a su amada. Esta, a su vez, le abrió la puerta y lo invitó a pasar, de una forma muy sospechosa, pues no pudo disimular su rabia. Bolívar se negó porque notó en su rostro algo extraño y retrocedió unos pasos atrás. Rosa Esther, con el garrote en la mano, lo persiguió corriendo detrás de él, vociferándole cuantas cosas salían de su boca y de su dolor.

Bolívar logró escapar, y ella, atrapada en su decepción y tristeza, solo pensó en desaparecer de ese lugar. Entró a su habitación, preparó una maleta pequeña, cerró la casa, encendió su motor y se fue. Rosa Esther era muy querida por una señora que la conocía desde pequeña, quien había sido la niñera de sus sobrinos por muchos años.

Juana vivía en un campo llamado "Los Quemados", justo lo que ella necesitaba para alejarse del pueblo, de los chismes de la gente y de ese hombre que le había hecho tanto daño. Así fue, logró encontrarla en casa, se lanzó en sus brazos a llorar y le contó su pena.

La señora Juana la apoyó y le permitió quedarse todo el tiempo que quisiera, igualmente se encargó de llevarle la excusa de la ausencia a su trabajo. Para ese entonces, Rosa Esther era la secretaria en una agencia de electrodomésticos muy conocida en el pueblo. En aquel lugar se sintió segura, protegida y alejada de todo. Era una casita de campo muy coqueta localizada dentro de una pequeña finca llena de árboles frutales, mangos, aguacates, limones, naranjas dulces, cría de gallinas, pavos, patos, perros y vacas. Por detrás de la casita pasaba un arroyo que por las noches, para dormir, era como una fuente de agua deslizarse como cascada con un sonido espectacular que hacía caer rendido de sueño a cualquiera.

CAPÍTULO 9

Por otro lado, no lejos de la casa, estaba aquel árbol gigantesco, en la cima de una pequeña loma. Allí se arrodilló, arropada con su sombra protectora y arrulladora, proporcionando una brisa refrescante causada de sus amplias ramas y hojas grandes verdes como la esmeralda. Allí, debajo de ella, con un gesto de reverencia, arrodillada, postrada con su frente pegada a la tierra, una Biblia entretejida entre sus brazos, elevaba sus plegarias a su Dios en momentos de angustia y desesperación.

A pesar de tanto dolor, Rosa Esther no olvidaba las palabras de su padre cuando la instruía sobre la promesa de Dios en las escrituras. Ella sabía que por fe, aún sin ver, creía en su presencia y que su Dios estaba ahí con ella.

En su tormenta, aguardaba por Él, sabía que Él tomaría el control de su vida, de su voluntad, de sus emociones, de sus planes y que sanaría sus heridas. Aunque no podía verlo, lo sentía, le creía, no dudó, no tuvo miedo de llamarlo y decirle que esperaba por su socorro.

Pasaron los días, y ya fortalecida y con una aparente recuperación, decide regresar a su hogar y continuar su vida cotidiana. Rosa Esther, aunque era muy creyente, todavía no tenía la suficiente madurez ni discernimiento espiritual para entender algunas cosas de la vida, de los designios de Dios. Y a pesar de toda su fe, su mente solo le gritaba venganza. Volvió renovada, pero también cargada de una sed insaciable de encontrar respuesta y pago a lo que le habían hecho.

Es cierto que fue su primer amor, a quien creyó amar de un vistazo, pero también era real que fue su primera gran desilusión y desengaño de amor. Pasaron días, semanas, meses y Rosa Esther ya había hecho ciertos cambios en su vida. Ya trabajaba en una financiera localizada en el centro del pueblo, estaba anímicamente mejor, pero dentro de su corazón sangraba la herida, y aquel traidor, su ex novio, continuaba asediando y jurándole amor.

Uno de esos días de trabajo, a su hora de almuerzo, ella acostumbraba a salir al balcón de aquella oficina en un segundo piso a mirar la gente pasearse por el parque que estaba al frente del local. De repente, le llamó la atención aquel hombre vestido en uniforme amarillo de minero, que al bajar del autobús que lo transportaba, por alguna razón siempre dirigía su mirada hacia ella.

Hábilmente, Rosa Esther fingía no verlo o notar su presencia. Hasta que un día, el señor minero, como ella le apodó, tuvo la idea de enviarle un ramo de rosas con un joven limpiabotas del parque. El jovencito subió al lugar de trabajo de Rosa Esther y le entregó las flores con un breve mensaje hablado. Le dijo que un señor se las había enviado y que le decía que ella era muy bonita. Rosa Esther, un poco agresiva, le devolvió el mensaje y las flores, dejándole saber que no recibía regalos ni mensajitos de extraños; por lo tanto, el señor tomó las flores y se dirigió personalmente a entregárselas.

CAPÍTULO 9

Don Philip, como se nombraba el señor, llegó con sus flores en pose de reverencia, inclinó ligeramente su cabeza hacia adelante, como si fuera a postrarse a sus pies, su pierna izquierda posicionada hacia atrás sosteniendo el ramo de flores en su mano derecha, y se las ofreció a Rosa Esther diciendo estas palabras: "Estas hermosas flores son para usted, bella dama, con todo mi respeto y admiración por su belleza. Recíbalas, por favor". Rosa Esther, a pesar de tener una herida a flor de piel, no quiso dejar al descubierto su vulnerabilidad, dejó toda su frustración a un lado y le aceptó las flores dándole las gracias y una media sonrisa, aún más pequeña que la de Mona Lisa.

Se estrecharon las manos, se dieron sus nombres, y en unos minutos ya se había ido. Al día siguiente, Rosa Esther estaba tímida, casi negada a dejarse ver por Philip, tal vez queriendo ignorarlo o simplemente evitando lo que no quería que pasara. Pero parecía ya estar destinada la intromisión de Philip en su vida, por más que trataba de evadirlo, él siempre hacía acto de presencia de algún modo.

Allí estaba siempre Philip a su salida de la oficina, esperando a Rosa Esther con alguna flor o simplemente una sonrisa. Juntos caminaban a lo largo de la calle hasta encaminarla a su casa mientras conversaban vanamente sobre la vida cotidiana. Así formaron una amistad de unos meses, que más tarde se convirtió en lo que Rosa Esther estaba sospechando. Aun así, dio cabida a este personaje en su vida, quizás buscando comprensión, apoyo, alivio a su carga o simplemente un aliado. Y así fue como pasó, sin darse cuenta este hombre de amigo a su aliado, resultó ser su coartada perfecta para lo que ya había en su mente embriagada y sedienta de venganza.

Philip se enamoró perdidamente de Rosa Esther, aun sabiendo su historia, su desengaño, sus ganas de cobrarse el daño que aquel mentiroso le había hecho. Philip se convirtió en su cómplice, y esto ella lo aceptó sin dudas. Todo fue planeado por Rosa Esther, volvió a sus andanzas con su ex novio, le hizo creer que todo seguiría bien entre ellos, pero esa vez bajo ciertas condiciones ya que él era un hombre casado.

Rosa Esther y Philip le hicieron la vida imposible. Dondequiera que Rosa Esther era llevada por su ex, le dejaba saber a Philip para pasar la noche coqueteándole, bailando y conversando delante del ex como si no existiera. Comían y bebían, y Bolívar pagaba las cuentas. Solo los observaba, no se atrevía a siquiera reclamar, pues él ya había cometido la falta y debía aguantar, así se lo exigió Rosa Esther y él aceptó, tal vez por amor o tal vez por remordimiento, quién sabe, pero sí aceptó todo lo que Rosa Esther hiciera, para él estaba bien.

Pasaron varios meses en este plan de venganza tan desesperante e inaceptable para Bolívar hasta aquel día que salieron todos a una fiesta a celebrar algo que Bolívar ni sabía lo que era. Una vez los tres allí en aquel viejo bar del pueblo, Rosa Esther levantó la copa invitándolo a hacer un brindis y le dijo: "Brindemos por mi matrimonio; en tres semanas me caso con el señor aquí presente, Philip". Desde luego, Bolívar, a pesar de todo, sentía mucha seguridad de que Rosa Esther jamás haría o diría algo así en serio, no lo creyó y lo obvió por completo. Bolívar creyó que su hazaña, convirtiéndola en una más de su cama, le había resultado. Aseguraba que Rosa Esther jamás se entregaría a otro hombre. Bolívar se creía su dueño por lo que hizo y no la creía capaz de entregarse a nadie más.

Peor aún, se equivocó, porque Rosa Esther fue muy astuta y jamás se dejó tocar por él hasta que no hubiera matrimonio. Y Rosa Esther supo que eso nunca pasaría porque ella prometió a su dios que nunca separaría una familia. Su única intención era vengarse y de este modo pensó que lo lograría, sin saber que esto se convertiría en cuchillo para su garganta. ¡Y qué curioso! Este relato me trajo a la memoria una frase que un gran amigo, hermano, mi médico y confidente me dijo en algún momento de nuestras conversaciones, y fue la siguiente: "Quien no sabe lo que busca, no conoce lo que encuentra".

Claramente, se puede notar que Rosa Esther estaba en una etapa de su vida muy vulnerable, engañada, resentida, llena de odio, de amargura, de soledad, de rabia, desengaño y frustración. Por lo tanto, cualquier camino que le diera una salida o una forma de escape de ese laberinto que se encontraba podría resultar como su tabla de salvación.

Precisamente porque no sabía lo que quería en verdad, su mente estaba nublada de tanto dolor y decepción. Le fue fácil encontrar a alguien y luego darse cuenta de que no era lo que necesitaba ni lo que realmente buscaba.

Era ya una decisión tomada y sin paso atrás, la boda de Rosa Esther y Philip era un hecho. Generalmente, al casarse dos personas, es sinónimo de amor, alegría, de unión para siempre, de esperanza, de un sueño realizado, la ilusión de ser padres, etc. También incluye expectativas que no siempre son satisfactorias o las esperadas por ambos cónyuges o por una de las partes. Rosa Esther, en este caso, estaba llena de ilusión, de fe, de todo, menos de amor. Ella confesó y le hizo saber a su futuro esposo que no lo amaba, pero que estaba dispuesta a formar una relación para siempre y ser la esposa y madre que él quería.

Lejos de pensar en la seriedad, la complejidad y la responsabilidad que requiere un matrimonio, y viniendo Rosa Esther de una familia disfuncional, criada sin sus padres, separada de sus hermanos y, además de todo esto, abusada mental, moral, física y sexualmente, era un cuadro muy desalentador, mucho más cuando no se ha tenido ninguna ayuda psicológica, ninguna guía familiar, más que su fe en Dios y su propia búsqueda de sanación por sus propios medios. Pero, sobre todo, confiada en Dios y aferrada a su creencia.

CAPÍTULO 9

Rosa Esther contrajo matrimonio, refiriéndose a su esposo como un hombre súper bueno, amoroso, comprensivo, paciente con ella, buen hijo, buen hermano.

No obstante, hay que aclarar que la dinámica de la relación no se fue dando como ella esperaba. Una vez dentro de esa relación, las cosas tomaron otro rumbo y otro color.

Entre Philip y Rosa Esther, todo comenzó bien. Él era su cómplice, su aliado; no había secretos, conocían todo el uno del otro, al menos eso creían. Rosa Esther quedó embarazada la misma noche de su boda. Increíble, pero cierto: justo a los 9 meses, dio a luz a su primogénita, su niña milagro, Lali. Rosa Esther, una niña criada con carencias afectivas como hemos mencionado, experimentó una infancia anormal pero también una adultez prematura. Es cierto, nunca supo cómo cuidar a un bebé, nadie le había hablado sobre la transición de niña a mujer, y mucho menos sobre cómo ser madre. Aun así, al tener a su hija, como le sucede a casi todas las mujeres, Rosa Esther desarrolló su instinto maternal de una forma asombrosa y especial. La maternidad se convirtió en su prioridad; su primera hija le hizo sentir un orgullo tan grande que no podía explicarlo, como si fuera la única mujer en el mundo que era madre.

Rosa Esther contó que fue la bendición más grande que pudo haber recibido en su vida al convertirse en madre. Relató que, al salir del hospital en silla de ruedas debido a la cesárea, sintió la luz del día golpeando su rostro y, mirando al cielo, agradeció a Dios por la bendición y el privilegio de ser madre. También imaginó que debió haber estado mucha gente afuera esperándola para felicitarla y compartir esa alegría con ella; claro, era una forma de explicar su emoción que no tenía descripción alguna.

La realidad se convirtió en pesadilla; toda su alegría, su orgullo y esa bendición que recibió y sintió se transformaron en puro dolor, tristeza y desolación. Sin embargo, también fue una lección de vida que incrementó su fe y le hizo entender que todo sucede por alguna razón. Rosa Esther, llena de amor en esos momentos de relación entre ella y su hija, no permitía que nadie le hablara ni interrumpiera su espacio más sublime e íntimo, especialmente durante la hora de amamantar a su hija con sus pechos.

Otra bendición que Dios le otorgó: una joven delgada de apenas 115 libras, con senos pequeños como dos limones, jamás pensó que podría verse con una copa de sujetador 36D y con tanta abundancia de leche materna para dar vida a su hija. Sí, darle vida, porque de no haber tenido la dicha de poseer tan apreciado y bendito líquido en su pecho, la vida de su hija habría corrido peligro y podría haber muerto.

¿Fue un evento en la vida de Rosa Esther que la llevó a retroceder en sus pensamientos a su pasado, donde se preguntaba "¿por qué me pasa esto a mí?"? Sintió debilitarse en su fe y creyó odiar a su madre; su rencor creció, y su angustia no tenía fin. Fueron situaciones en las que necesitaba más que nunca el apoyo de una madre, los consejos, el cariño, la compañía y la guía, pero ella no estaba ahí. No estuvo en sus peores momentos; nunca la llevó a la escuela como lo hacían otros padres con sus hijos, cuando tenía frío y deseaba el abrazo maternal.

Tampoco estuvo ahí cuando la madrastra la golpeaba, la encerraba desnuda en un cuarto oscuro como castigo o cuando la hacía ir al colmado semi desnuda a comprar algo y los hombres se burlaban y la acosaban.

Mami no estaba ahí, ni siquiera cuando tenía hambre, porque solo le daba una sola ración de comida y ella se veía obligada a robar algo más para comer, siendo castigada con golpes.

Recuerda Rosa Esther aquel día en el que su madrastra la castigó severamente. La obligó a sentarse en el suelo bajo una ducha con la llave abierta, dejando que el agua cayera sobre su cabeza. Delante de ella, colocó una paila llena de mangos, exigiéndole que los comiera todos. La madrastra, sentada en el inodoro con una correa en la mano, adoptaba una postura amenazante, lista para propinar el primer golpe si Rosa Esther dejaba de comerse los mangos.

Todo este episodio ocurrió porque Rosa Esther, de manera clandestina, se apropió de un mango que su madrastra le prohibía consumir. Con tono desafiante, la madrastra le dijo: "¿Quieres mango? Te haré comer mangos hasta que te hartes". Así la obligó a ingerir mangos hasta que Rosa Esther sintió náuseas y vomitó, momento en el cual recibió castigo por vomitar.

Rosario Suárez
El Perdón A Mi Madre

Al momento de rememorar esta historia, Rosa Esther no podía contener las lágrimas que rodaban por sus mejillas. Después de tanto tiempo, estas heridas aún persistían en su corazón, y su madre no estaba presente. Fueron numerosos episodios de abuso que resultaba imposible para Rosa Esther olvidar. Cada vez que le tocaba limpiar el piso, aquella mujer, al concluir su jornada laboral, le pasaba la mano o un dedo por cada rincón de la casa, incluso debajo de los muebles y cualquier superficie donde encontrara polvo o cualquier cosa. Cualquier hallazgo era una excusa para arrojar nuevamente cubetas de agua con jabón y obligarla a lavar de nuevo.

Horas se perdían repitiendo el lavado, mientras la madrastra observaba maliciosamente con burla, y su madre no estaba ahí para protegerla.

Tampoco estuvo ahí cuando por primera vez fue violada sexualmente. Sí, violada, porque ella no sabía lo que era tener sexo. Increíblemente, a sus casi 20 años, nadie le había hablado de eso, ni cómo hacerlo y mucho menos cómo protegerse. Por confiar y por su inocencia, se enamoró y creyó que lo que aquel adulto le decía era así. Lógicamente la experiencia fue traumática y jamás quiso dejarse tocar. Esto la motivó a indagar sobre el asunto con otras personas, porque mami no estaba ahí.

Tenía muchos interrogantes. ¿Por qué nadie le habló sobre su primera menstruación? ¿Dónde estaba su madre cuando era maltratada por su madrastra y luego por sus hermanos y otros familiares? ¿Dónde estaba su madre cuando fue secuestrada y casi violada por un señor de 70 años con apenas 10 años? ¿Dónde estaba su madre cuando se casó por primera vez? ¿Dónde estaba cuando tuvo su primer bebé? Y peor aún, ¿dónde estaba su madre cuando esa joven tuvo que enfrentar la situación de salud con la que nació su hija? Eran demasiadas preguntas sin respuestas, hasta que Rosa Esther tuvo que enfrentar la realidad, una mentira que parecía una verdad.

Justamente en esos casos, en esos eventos de nuestras vidas donde, si no conocemos el amor de Dios, podríamos perdernos en nuestro propio andar. Rosa Esther, en su fe, entregó a Dios sus sentimientos y, aún llena de preguntas y en espera de respuestas que algún día tendría, llena de fe sabía que Dios traería paz y consuelo. Comprendía que solo eran pruebas, tormentas y angustias que eventualmente pasarían.

Rosa Esther sabía, tenía la certeza y la sabiduría de que los planes de Dios tienen su tiempo perfecto y llegaría ese momento de descubrir el propósito en su vida. Aunque no tenía claro por qué o para qué pasaban ciertas cosas, entendía que el propósito de Dios solo lo conoce Él y nos coloca en el camino que ya está diseñado; sólo Él sabe lo que sucede debajo y arriba de los cielos.

Rosario Suárez
El Perdón A Mi Madre

CAPÍTULO 10

LA NIÑA MILAGRO

Después de experimentar una bendición tan grande, siendo madre por primera vez y casada con un hombre que, quizás no era exactamente lo que ella había soñado, pero resultó ser bueno, un esposo excelente y un hijo adorable, Rosa Esther pensaba que todo estaba en su lugar. Creía que su vida estaba en el camino correcto, equilibrada emocional y moralmente. Sin embargo, las apariencias engañaban y algo inesperado surgió para entorpecer y empañar la felicidad que estaba experimentando.

En su primera semana como madre, sin tener experiencia alguna con bebés y sin la más mínima idea de cómo cuidar a una criatura, cómo alimentarla o cambiarle un pañal, Rosa Esther se enfrentó a una situación desafiante. A pesar de ello, su corazón rebosaba de alegría e ilusión; estaba convencida de que sería la mejor madre del mundo y de que proporcionaría a su hija todo lo que a ella le había faltado: cariño, tiempo, abrazos, amor y cuidados.

Según relató su madre, ESTHER, que desde el embarazo, Rosa Esther estaba dedicada en cuerpo y alma a su hija. Su mente y su vida cambiaron al sentir que ese ser crecía y se desarrollaba en su vientre día a día. Sin embargo, los días pasaban y Rosa Esther no encontraba descanso. Su bebé lloraba constantemente, mostrando en su rostro una expresión de dolor y un gemido que ella sentía que no era normal.

Las noches eran agotadoras, intolerables, pero su amor y su dedicación la mantenían resistente ante cualquier desafío.

Así transcurrieron unas semanas, con noches interminables, llevando a la bebé al médico sin obtener resultados. El diagnóstico siempre era él mismo: su hija estaba bien, era normal que llorara, vomitara o no evacuara todos los días, según su pediatra. Pero Rosa Esther, en su interior y en sus instintos maternales, sentía que algo no estaba bien.

Justo en el decimoséptimo día de este martirio, alrededor de las 6:30 de la mañana, Rosa Esther decidió recostar a la bebé en su cama e hizo un pequeño recorrido con sus manos sobre su tierno cuerpecito para tratar de descifrar si sentía algún dolor al tocarla. Fue entonces cuando notó que, al presionar ligeramente su estómago, la niña se estremecía, pataleaba y lanzaba gritos desesperantes. Rosa Esther, arrodillándose en el suelo, le quitó el pañal a su bebé, abrió sus piernitas e intentó realizarle un pequeño examen rectal superficial para ver si estaba estreñida. De repente, al estirar un poco las nalguitas de la bebé, esta emitió un chorro de sangre sobre la cara de su madre, quien estaba muy cerca tratando de examinarla mejor.

CAPÍTULO 10

El impacto fue tan fuerte que Rosa Esther cayó al suelo, impactada por lo ocurrido. Al mismo tiempo, gritó tan fuerte que despertó a la muchacha de servicio, quien corrió a su habitación para ver qué ocurría. Al ver a Rosa Esther llorando desesperadamente y con las manos llenas de sangre, la ayudó a levantarse del suelo. Juntas tomaron a la niña y la envolvieron en una sábana, colocando una toalla gruesa sobre ella para contener el sangrado.

Rosa Esther no pensó en nada más que en salvar a su hija, pero jamás la llevaría al pediatra. Así que tomó la decisión de huir con ella a la ciudad, que estaba a una hora del pueblo. La tomó en brazos, vestida solo con su bata de dormir, chanclas y el cabello despeinado, se paró en medio de la calle, detuvo al primer vehículo que pasó y, entre lágrimas y súplicas, pidió que la llevaran a la ciudad.

Gentilmente, un joven accedió a su petición, la ayudó a entrar al coche y se dirigieron a la ciudad. Rosa Esther lloraba desesperadamente durante el trayecto, el chofer la miraba aterrado y conmovido a través del retrovisor, presenciando la angustia de aquella joven madre temerosa de perder a su bebé.

El joven trató de darle apoyo con palabras de consuelo y juntos rogaron a Dios para que todo saliera bien. Al llegar a la clínica, corrieron rápidamente a emergencia, donde unos pocos médicos y enfermeras arrebataron a la niña de los brazos de Rosa Esther para llevarla a una sala de estudios y proporcionarle los cuidados necesarios. De hecho, fue una bendición que llegara viva, ya que había perdido mucha sangre.

Eran las 8:30 a.m. cuando el esposo de Esther, Philip, llegó desde su trabajo donde hacía el turno de noche. Al llegar, se abrazaron y Rosa Esther, desconsolada, le gritó: "Nuestra hija, Philip, está muy mal". Ambos lloraban, esperando desesperados alguna respuesta. Pasaron 7 horas entre exámenes, opiniones divergentes de varios especialistas y la espera de resultados.

De repente, salió el médico que había operado a Lali, la niña de Rosa Esther, como la llamaban. Cuando se acercó a ella y le dijo: "La operación se hizo, no puedo decirles que ha sido un éxito, pero aguantó. Entró en estado de coma y no sabemos cuándo o cómo reaccionará. Como les dije antes, solo un milagro puede salvarla". Añadió que los resultados de la cirugía revelaron la presencia de un tumor canceroso entre el intestino delgado y grueso, formando como una trenza, lo que causaba una obstrucción intestinal según los exámenes previos. Tuvieron que cortar gran parte de los intestinos para evitar mayores riesgos o una metástasis.

Desde luego, los padres de la bebé seguían sin consuelo, naturalmente nerviosos ante aquella incertidumbre, pero en el corazón de Rosa Esther había una sensación de victoria. Aseguraba que su hija estaría bien, que sobreviviría porque confiaba en Dios. Según el diagnóstico y la ciencia, esa niña no daba señales de sobrevivir; eran muy pocas las posibilidades de vida. Pero como

CAPÍTULO 10

Rosa Esther le había dicho y repetido: "Para Dios nada es imposible, y Él tiene la última palabra".

El cirujano hizo un pedido muy serio y especial a Rosa Esther y a su esposo: que tan pronto vieran alguna señal de vida, como algún parpadeo en sus ojitos o algún movimiento de su cuerpo, él quería ser alertado de inmediato. Rosa Esther así se lo prometió y de nuevo le advirtió estar listo para presenciar un milagro, a lo que el cirujano sonrió levemente, echó su mirada al suelo inclinando su cabeza como si tratara de ocultar su incredulidad y luego la miró diciendo: "Sí, claro, espero".

Rosa Esther y su esposo, a la espera de poder ir a estar con su hija que sería trasladada a cuidado intensivo, se dirigieron a la capilla para orar por su hija. Luego de un lapso de tiempo, fueron llamados y se les permitió verla y estar con ella. Desde ese día, las cosas fluyeron entre angustia y esperanza. Rosa Esther pertenecía a un grupo carismático de la iglesia católica a la que asistía. Sus amigos y fieles religiosos se enteraron de lo sucedido y acudieron en grupo a visitar a la hija de Esther para darle su apoyo. Desde ese día, esto se convirtió en una rutina diaria; justo a las 10 de la mañana, llegaban unos 7 u 8 miembros de la iglesia a esa habitación para orar y elevar plegarias de ruego por la sanación de Lali.

Así transcurrieron varios días y justo a los 17 días de operada, todos allí en círculo con las manos agarradas, orando, cantando, con ojos cerrados en una íntima comunión con el Padre y una entrega total a su fe, unánimemente y en una sola voz, pudieron todos vivir aquel momento inesperado para algunos pero no para Rosa Esther, quien con el poder de la palabra veía convertirse en realidad su declaración de fe.

Estaban orando y de repente, aquella habitación donde se encontraba la pequeña en una cama cuna, en recuperación con su cuerpecito envuelto en sábanas y tubos, en su garganta por su nariz, monitorizada por una cantidad de máquinas, oxígeno, sueros y demás, de repente el cuarto se heló, como si hubieran metido un refrigerador en él o el cuarto en un refrigerador.

Todos los presentes lo notaron; se sentían congelar, y la persona que dirigía el grupo de oración, un señor de unos 70 años, les dijo a todos con voz jubilosa y demandante: "No abran sus ojos, continuemos orando, alabemos al Señor; Él está aquí presente, y hoy hay milagro".

Todos obedecieron; la energía que se sentía allí era tan fuerte que, aunque quisieran, no podían. Sentían sus ojos sellados, no podían abrirlos y sus manos como selladas, uno a otro se apretaban y se transmitían esa fuerza y ese poder que tiene la oración de una forma subliminal. Rápidamente, el ambiente pasó de frío a calor, y ahí todos sintieron un fuego quemar sus cuerpos, pero todos sabían que ese era el fuego de Dios y que si algo pasaría. Fue entonces cuando la bebé lanzó un grito de vida, tal como cuando lloran los bebés al nacer. Aquello fue hermoso; hubo milagro, e inmediatamente, de una manera indescriptible, la emoción de Rosa Esther fue tan grande que se levantó, agarró el teléfono y llamó a su doctor y le dijo: "¡Ven, que su milagro está hecho!".

Pareció como que el médico cirujano voló y los demás también; todos aparecieron para ver aquel asombroso renacimiento, sí, porque eso fue un renacimiento. Todos saltaban de alegría; los médicos inmediatamente sacaron a todos de la habitación y procedieron a examinarlos. Al cabo de unos minutos, salió su cirujano y le dijo: "Desde hoy, Dios ha ganado un alma, esto es un milagro". Se arrodilló frente a la cama de la bebé y pidió perdón a Dios por su incredulidad y prometió no dudar nunca más de su poder y su gloria.

Médica y clínicamente, Lali no sobreviviría, según ellos estaba muerta, era imposible que una bebé de 17 días de nacida pudiera sobrevivir a una cirugía de esa índole, pero olvidaron un detalle: Dios es real, el Doctor de doctores, el Rey de reyes, y para Él nada es imposible.

Pasaron los días y, luego de un par de semanas, Rosa Esther y su esposo regresaron a casa felices, con su bebé en los brazos, para continuar su vida en familia y en espera de su exitosa recuperación. A pesar de que todo salió bien, el proceso de recuperación era fuerte; debían llevar a la bebé semanalmente a la ciudad para chequeo. Luego de tres meses, las visitas eran mensuales, luego trimestrales, semestrales y finalmente anuales. La recuperación fue exitosa, Lali estuvo bien.

Hubo un detalle que Rosa Esther sí tomó en cuenta porque lo tenía presente en su memoria y en su corazón. Recordó aquel episodio que vivió con la creación de su seno; el milagro que Dios le concedió al sanar su pecho. Durante la recuperación de Lali en su intensivo después de la cirugía, Rosa Esther era asistida diariamente con su pecho. Tenían que extraer su leche materna con una bomba porque producía demasiada y la bebé debía comer luego. Pero no solo eso, los médicos, al darle de alta a Lali, le dijeron a su madre que esa bebé solo podía tomar leche materna, ni una gota de ningún otro líquido que no fuera pecho, y que si ella no producía, tenía que buscar alguien que la amamantara. Fue entonces cuando Rosa Esther se dijo a sí misma que sus senos fueron sanados porque en el plan de Dios sabía que los necesitaría, entonces sintió que mientras su hija necesitara su pecho, lo iba a tener.

Efectivamente, el sentir de Rosa Esther fue un hecho. Ella producía tanta leche que incluso debía sacarse el resto después de amamantar todo el día porque sus senos querían reventar de tanta producción, y así duró más de un año alimentando a Lali. Rosa Esther contó que su experiencia como madre, lo mejor fue el acto de dar pecho. Dijo que era una emoción tan grande que no terminaba de alimentarla cuando ya anhelaba el momento de hacerlo de nuevo.

Era su momento de privacidad, conexión y comunicación con su hija. La tomaba en sus brazos tiernamente, se sentaba en una mecedora, con un vaso de agua a su lado sobre una pequeña mesa, le cantaba para arrullarla y la niña se sonreía. Ya no había dolor en su barriguita, su mirada se veía tierna, agradecida, gratificante. Disfrutaba los momentos más sublimes entre una madre y su hija. No permitía que nadie le hablara ni se acercara a ella en esos momentos; eran solo ella y su hija, recuperando esa calma, esa paz, esa tranquilidad y felicidad que no habían vivido a causa de aquel terrible evento. Darle el pecho a su hija fue como devolverle la vida después de Dios.

Dos años más tarde, Rosa Esther queda embarazada de nuevo. Otra gran alegría y bendición llega a su vida. Siempre supo que otra niña iluminaría su vida. Curiosa o lógicamente, Rosa Esther nunca pensó en tener hijo varón; ni lo deseó ni lo pensó siquiera, y es que internamente sentía rechazo hacia ellos.

Sus traumas de abandono o separación de su padre al dejarla allí con una extraña, el desprecio y maltrato de sus hermanos, el engaño y violación de su primer amor, su secuestro a sus 10 años de edad, el manoseo de su tío, acoso sexual, también acoso sexual de parte de su primo; fueron muchos los episodios en su vida que le hacían rechazar tener un hijo varón, tal vez queriendo evitar ver eso en ellos.

En verdad, Rosa Esther habría necesitado ayuda profesional, como debe ser y suele pasar hoy día en estos casos. Desafortunadamente, no era así en esos tiempos. Era una vergüenza, un mito y una necedad hablar de eso. Además, ni le creían a los jóvenes decir algo así porque la mentalidad era muy diferente, quizás porque había demasiada confianza entre las personas y mucho más entre familia, los que más cerca están. Rosa Esther expresó a su madre que nunca se atrevió a decir nada porque le daba vergüenza, que temía ser acusada de permitirles estos abusos. Rosa Esther no sabía lo que era abuso sexual, si era normal que un miembro de la familia la tocara, o que intentara agredirla, incluso le pedía que le hiciera actos sexuales que por la gracia de Dios nunca lo hizo, dijo que por alguna razón algo lo impedía en el momento. No sabía cómo decirlo, y tampoco creerían nada de lo que ella dijera precisamente por tratarse de una niña contra la palabra de un adulto. Era muy difícil para la época confrontar y enfrentar ese tipo de situaciones en público.

Afortunadamente, Rosa Esther era una joven muy astuta y muy curiosa. Tenía ciertas habilidades de comprensión, discreción y la sabiduría de manejar algunas situaciones que ya iban siendo parte de su vida y enseñanza de vida.

Día a día iba aprendiendo a manejarse y tolerar o evitar lo que debía. Prácticamente se autoayudó y a través de sus vivencias, leyendo libros, preguntando a personas mayores, por medio de su intuición y, sobre todo, guiada por los recuerdos de los consejos que le daba su padre y la fe que le inculcaron. Su fe, su espiritualidad, fueron su mejor terapia para encontrar soporte y fortaleza para seguir adelante.

Aun así, todo esto dejó secuelas en Rosa Esther. Tenía sentimientos encontrados de culpa, miedo, inseguridad y mucho dolor, provenientes de familiares. Pero a pesar de todo, sentía que su rechazo a tener hijos varones provenía de ahí y eso la lastimaba. Creyó que nunca lo superó. Rosa Esther decide seguir buscando la forma de sanar esto y encontró en sus lecturas bíblicas cómo se hablaba del perdón. Trató de entenderlo, de aplicarlo en su vida, pero aún faltaba algo que no la dejaba perdonar como debía o como decía la Biblia. Recordó Rosa Esther una frase que decimos al orar el Padrenuestro: "perdona nuestros pecados como nosotros perdonamos a los que nos ofenden".

No lograba Rosa Esther encajar en esto y sentía que faltaba a su creencia y a su devoción a Dios. Constantemente, se preguntaba qué debía hacer para llegar a perdonar a estas personas y entonces se autoanalizó y se dijo: "Pero a mi primer amor lo he perdonado, aunque no autorizó a hacer lo que hizo, pero no siento rencor por él. Entonces, ¿por qué no perdonar a los demás si tal vez en ignorancia actuaron así?". Realmente, esto se volvió un dilema en su cabeza que cada día luchaba con él y no lograba nada.

Una nueva bendición llega a la vida de Rosa Esther: su segunda bebé, a quien ella llamaría Mindi, y quien esperaba ansiosa para que le hiciera compañía a su hermanita Lali. Rosa Esther nunca falló al predecir que tendría sus hijas hembras, ya fuera una, dos o tres, todas deberían ser, por la gracia de Dios, hembras. Y así fue, no falló; realmente era otra niña. Tuvo un embarazo normal, sin ningún contratiempo ni malestares. El único problema de Rosa Esther es que dormía y comía demasiado, lo que la hacía engordar de una forma increíble, pero al ser tan disciplinada y amante de su figura, de su salud y de sus ejercicios, no le costaba sacrificio alguno ponerse en forma en unos meses.

Algo inesperado también en su segundo embarazo sorprendió a Rosa Esther y la llevó a la cúspide de su espiritualidad con tan magno evento. El día que estaba programada para su cesárea era esperado, lleno de ilusión, alegría y mucho amor por el nacimiento de su hija. Acostada en la cama de cirugía, dentro de un quirófano, una sala fría, rodeada de lámparas quirúrgicas, monitores, equipos médicos con una tecnología quizás no tan avanzada como la de hoy día, y un equipo de médicos y enfermeras diplomadas, enfermero de quirófano, anestesiólogo, técnicos quirúrgicos y demás.

El anestesiólogo procede con Rosa Esther. Es sabido que, siendo una cesárea, la anestesia es parcial, es decir, afecta medio cuerpo desde la cintura hacia abajo. Luego, se administra un ligero sedante para mantener a la paciente sedada, tranquila pero consciente. Una vez realizado el procedimiento y con Rosa Esther informada de los pasos a seguir, esperaron unos minutos para asegurarse de que la anestesia hubiera hecho su efecto.

CAPÍTULO 10

Lamentablemente, al examinarla, Rosa Esther indicó que sentía sus piernas y que no se sentía completamente anestesiada. El anestesiólogo trató de confirmar si era tal como ella decía, pero Rosa Esther estaba tan nerviosa que los médicos pensaron que esa era la razón por la que ella creía no estar anestesiada, y procedieron a abrir su vientre. Rosa Esther dijo sentir como una puñalada en su barriga, se alteró y agarró al médico por la cabeza, diciendo: "Me quieren matar".

Rosa Esther cayó en un shock nervioso y, a partir de ahí, no supo más de ella durante dos días. Al despertar, su médico cirujano le habló y le dijo: "Señora, necesito que me cuente qué ha pasado con usted. ¿Soñó algo? Lo que sea, cuénteme". Rosa Esther le dijo que sí había tenido un sueño y comenzó a relatar: "Estuve caminando con mi hija Lali tomada de la mano, a lo largo de un túnel muy largo rodeado de llamas fuertes y ardientes, pero que no me quemaban ni siquiera sentía calor; era más bien como lumbreras. Mi hija y yo vestíamos igual, éramos como dos túnicas blancas largas, de tela de tul y seda, con el pelo largo, brillante y suave que se mecía con el vaivén de las llamas que ocasionaban un pequeño viento brisa.

Llegamos al final del túnel y allí me detuve con mi hija. Miré hacia abajo y era como un abismo donde en el fondo podía ver casitas muy pequeñas y las personas también, tal vez por la profundidad. El pasto era verde, brillante, hermoso; todos vestían igual que nosotras de color blanco, los árboles llenos de frutas y se sentaban bajo su sombra como en familia. Estaban compartiendo alimentos, frutas, y los animales también los rodeaban, caballos, perros, lo que pude divisar.

Estaba sorprendida, sin saber dónde estaba ni a dónde iría después de ahí. Levanté mi mirada al cielo y pregunté al Señor: 'Dios mío, ¿dónde estoy? ¿A dónde me has traído?' Le dije: 'Esas casas son muy pequeñas y están muy abajo. ¿Cómo llego allá?' Y de pronto se abrió un círculo rodeado de fuego en el cielo, y se sentía como si del medio del círculo saliera la voz que me habló. Una voz de hombre muy aguda, fuerte, y me dijo: 'No es tiempo todavía, hija mía, pero si me sigues, allí vendrás. Ahora devuélvete a tu lugar, no es tu tiempo'".

El médico, al escuchar esto, le salieron dos lágrimas y le dijo: "Yo sabía, porque hablaste durante el proceso quirúrgico y mencionaste a Dios. Por eso estaba curioso; yo también soy creyente y sé que algo estaba pasando". Rosa Esther quedó con esto en su memoria y en su corazón como testimonio que dar y palabras que sustentaron y reafirmaron su fe. Afortunadamente, su bebé nació perfectamente bien y Rosa Esther regresó a casa llena de paz y alegría.

CAPÍTULO 11

LA LLEGADA DE MINDI Y EL DIVORCIO

La llegada de Mindi a la familia fue algo maravilloso. Mindi fue para Lali su muñeca para jugar; Lali vivía feliz y creía ser la madre, incluso con sus dos añitos, expresaba tanta ternura y alegría al ver a su hermanita y jugar con ella. Al igual que Rosa Esther y Philip, aunque como dicen, no todo lo que brilla es oro. El minero parece que no pudo pulir su diamante.

Una crisis rondaba en casa de los esposos Santos, ya que se notaban ciertas diferencias entre ellos. Philip no parecía muy contento a pesar de que amaba profundamente a Rosa Esther. Ella era su motor de arranque, pero al mismo tiempo, la causante de sus penas; no había logrado su amor, su corazón seguía herido. Aun así, intentaba salvar su matrimonio porque ya era una familia constituida y en realidad no quería separarse de sus hijas ni criarlas en un hogar roto, como ellos fueron criados.

Indiscutiblemente, a fuerzas no se logra el amor. Debemos dejar fluir ese sentimiento cuando realmente sale del corazón; no se puede obligar. A veces, las parejas se casan sin amor y llegan a enamorarse, pero este no era el caso de Rosa Esther. En ella había conflictos emocionales y sentimientos encontrados que no lograban armonizar, y precisamente tal vez falta de esa ayuda profesional que nunca tuvo.

Quedó demostrado para ella que no estaba sana, que no había cicatrizado sus heridas, que aún guardaba rencores, preguntas sin respuestas y cosas que resolver, o tal vez no había elegido a la persona correcta.

Rosa Esther decidió casarse sintiendo que era una vía de escape, huyendo de ese dolor que la embargaba a causa de una decepción amorosa, corriendo al camino de la perdición a causa de su soledad y de ver tanta provocación y tanto libertinaje en la calle; eso le daba miedo caer en ese abismo y no saber salir. Pero, peor aún para Rosa Esther, aunque no lo expresara, era su venganza. Una venganza que se convirtió en cuchillo para su garganta.

Comenzaron las discusiones, las indiferencias maritales, la infidelidad por parte de él, y aunque ella nunca se dio cuenta, otras personas sí. Rosa Esther tomó la decisión de comunicarle la separación; quería el divorcio. Su esposo se llenó de ira y desesperación y la acusaba de tener otro hombre. Según él, ella tenía a alguien más, pero Rosa Esther sabía que no. Solo quiso ser sincera, tal como lo fue al inicio de su relación.

Rosa Esther no niega haber visto a ese hombre; sí, el muy atrevido un día la secuestró con un amigo cuando ella iba caminando por la calle, con 8 meses de embarazo. La subió en un carro y la llevó a un lugar apartado del pueblo y le reclamó por haberse casado. Le dijo que esa barriga debió ser de él. Todo quedó ahí; ella no le dio importancia y la regresó a casa, jurándole que la iba a divorciar de él y sería su esposa. Por supuesto, Rosa Esther ya no creía nada de ese hombre y se olvidó de eso.

Philip no vaciló en ir en contra de Rosa Esther aquel día que le pidió el divorcio; quiso pegarle, y ella salió huyendo y no logró hacerle daño. Luego, Philip se fue de la casa y se separaron. Rosa Esther trabajaba para un banco, pero lo que generaba de ingresos no le alcanzaba para nada, y Philip, el padre de las criaturas, no aportaba en nada. Según él, quien debía mantenerla con sus hijas era el hombre que ella tenía.

El buen esposo mostró su verdadera cara y, a pesar de que estando con Rosa Esther y recién casados, apareció un hijo que él no conocía, Philip no agradeció nunca ese gesto de humanidad, de generosidad, de comprensión de parte de ella. A partir de ese día, Rosa Esther aceptó a su hijo con mucho amor e hizo que respondiera a su responsabilidad con su manutención, y que el niño viniera todas sus vacaciones a compartir en familia y así relacionarse con sus hermanitas, siendo ella misma quien se encargaba de todo esto.

Para Rosa Esther, no fue nada fácil tomar aquella decisión de divorcio. Sabía que esto no sería bueno para sus hijas ni para ella misma, ya que era una mujer de fe y se había casado por la iglesia, un acto sagrado y para siempre. Lo pensó mucho y lo sufrió a tal grado que buscó ayuda con sus amigos feligreses de la iglesia, se confesó con el padre y además asistieron a terapias matrimoniales, las cuales no funcionaron.

Estando Rosa Esther ya sola con sus hijas, divorciada y trabajando duramente para sostenerlas, pagarles colegio privado, y no por orgullo sino porque las públicas eran un desastre y ella prefería esforzarse para darles una buena educación, llegó un tiempo en que la situación era insostenible.

Las finanzas estaban en negativo; era difícil, y más lo era depender de otros para subsistir. Sobrevivía por la ayuda que le daban sus hermanos y su madre que vivían en EE. UU., y esto a ella le parecía indigno, siendo adulta y responsable de sus actos, tener que depender de otros. Incluso su exnovio, que también residía en Estados Unidos, se enteró de su situación y le enviaba dinero para su sustento y el de sus hijas.

Pasaron tres años en esta condición, y Rosa Esther decidió hacer algo en su vida que sería doloroso y difícil para ella y sus niñas, al igual que lo fue para Rosa Esther cuando su madre las dejó. Sin darse cuenta, sin pensarlo bien, sin ni siquiera imaginar el camino que estaba trillando, estaba determinada a hacerlo. Increíblemente, se repetía la historia, pero ella justificaba su acción inconscientemente, tal vez, sin tomar en cuenta que estaba a punto de repetir la historia de su madre.

CAPÍTULO 11

Un día cualquiera, estando en su oficina, una amiga muy querida que se había casado con un extranjero, muy próspero, banquero, le ofreció llevársela a Italia y una vez allí, conseguir visa para Estados Unidos y poder reunirse con su familia, al mismo tiempo prosperar y forjar un futuro mejor para sus hijas. Una propuesta que Rosa Esther contempló seriamente y, sin pensarlo dos veces, llamó a sus hermanas y a su madre en EE. UU. para compartir el plan y pedirles apoyo.

Todo marchó muy bien. A Esther, la madre de Rosa Esther, y a su hermana le encantó la idea ya que ella no había podido hacerle residencia a su hija, y le ofrecieron apoyo económico, incluso ofreció comprarle su pasaje y cubrir todos los gastos del viaje. Rosa Esther no podía creerlo; estaba llena de ilusión y con un mundo de proyectos en su cabeza.

Rosa Esther sabía que no debía viajar y dejar a sus hijas teniendo ella la custodia, así que decidió ir a un abogado y dejar a sus hijas al cuidado de esa señora que ya la conocía desde niña, la misma persona que le brindó apoyo cuando se refugió en su casa por la traición de su primer amor. Una mujer de su entera confianza y a quien sabía que sus hijas estarían bien cuidadas. Así fue; todo fue arreglado mediante la ley, y Rosa Esther viajó a ese país, Italia.

Siendo Rosa Esther tan creyente, antes de hacer ese viaje, ella oraba mucho a Dios para que la guiara en sus planes, que fuera Él quien diera el sí o el no, que no haría nada que Él no aprobara. Cuenta

Rosa Esther que tuvo un sueño donde ella andaba por un camino largo, oscuro y lleno de piedras, caminaba descalza y se caía, y se volvía a levantar. Sus pies se cortaban y sangraban; ella lloraba de dolor y nadie la socorría. No vio el final, pero despertó dándose cuenta de que era una pesadilla. Jamás pensó Rosa Esther que esto podía ser una revelación; sólo se dio cuenta una vez viviendo en ese país.

Rosa Esther vivió su primera experiencia en un avión; fue emocionante, un viaje espectacular, con un solo contratiempo: al no haber subido nunca a una escalera eléctrica, se fue de cabeza con sus maletas al piso. Sintió mucha vergüenza; todos la miraban en forma de burla, pero ella, inocente, solo sonreía y miraba tímidamente a los lados mientras se levantaba. Allí estaba su amiga en el aeropuerto, esperándola con el esposo. Se conocieron y la llevaron con ellos a la casa. Aquella villa, como le llaman en Italia, era hermosa, un lugar precioso, muy turístico, al sur de Italia, San Rimini, el nombre del lugar.

Pasaron unos días y todo marchaba aparentemente bien, hasta que el esposo de su amiga le preguntó cuánto tiempo estaría con ellos, pareciendo que ya le estaba estorbando. En unas semanas fueron al consulado ya que era este el plan inicial, pero le fue negada la visa alegando que en su país, República Dominicana, podían darle la visa para Estados Unidos y que fuera allá a sacarla. Después de esto, Rosa Esther tuvo que salir de ahí porque el italiano ya no la quería en su casa. Fue entonces cuando Rosa Esther recordó a una joven que conoció durante el viaje y muy amablemente le ofreció un espacio en su casa en caso llegara a necesitarlo. Era una joven dominicana también, se veía muy generosa y educada. Rosa Esther le tomó la palabra y la llamó para explicarle su situación, y ella inmediatamente le dio su dirección para que tomara un taxi y llegara a su casa.

Efectivamente, llegó Rosa Esther a casa de la conocida. Ella la recibió muy cordialmente y le presentó a su esposo, un farmacéutico, un hombre amable, trabajador y muy respetuoso. La acomodaron en la sala; esto no le molestó a Rosa Esther porque su humildad y su deseo de hacer algo diferente, la aventura, la innovación, y la curiosidad la tenían motivada y decidida a todo. Pasaron unos días y la amiga comenzó a cuestionarla sobre sus intenciones, preguntándole hasta cuándo se quedaría y si no pensaba buscar trabajo, como si ya le estuviera resultando una carga.

Al día siguiente, Rosa Esther se dirigió a una librería cerca de la casa y se compró un diccionario italiano-español para poder salir a buscar trabajo y poder expresarse.

Visitó varios lugares hasta que finalmente fue aceptada en un restaurante como ayudante de cocina, pelando cebollas, papas, zanahorias, fregando platos, barriendo y haciendo todo lo que hubiera que hacer allí detrás. Rosa Esther estaba feliz; su jefe de cocina era un africano muy amable y le enseñó a cortar las verduras y todo con una destreza asombrosa.

También le enseñó a hacer pastas, risotto, polenta y otras cosas más. Ella estaba allí muy contenta, ya acoplándose al trabajo y aprendiendo el idioma. Hubo días en los que la dueña del negocio la sacaba de la cocina y la ponía a servir en las mesas porque mostró habilidades, destrezas y actitud para ello.

Rosa Esther relató que fue muy curioso el día que buscó trabajo en ese restaurante. Cuando se entrevistó con la dueña, le pareció ser Liza Minnelli, una artista americana muy famosa. Era idéntica y Rosa Esther se lo expresó. Con su diccionario en mano se comunicaba con todo el mundo y así fue aprendiendo el idioma. La dueña del restaurante se quedó muy agradada con la personalidad tan abierta, expresiva y sincera de la joven Esther y no vaciló en emplearla.

Desafortunadamente, duró poco la felicidad. Primero, solo caminaba unas cuadras para llegar a su trabajo; segundo, se llevaba muy bien con su jefe de cocina y con todos allí; y tercero, el ambiente era sano, nada de prostitución. Era un restaurante muy conocido y concurrido; se celebraban allí muchos cumpleaños e incluso recepciones de boda. Recuerda un día que la dueña le pidió hacer un baile de merengue en una recepción de boda y Rosa Esther aceptó.

CAPÍTULO 11

La vistieron hermosa, con un traje blanco de chef, blusa y pantalón con unos botones grandes dorados que adornaban la blusa, un gorro de cocinero precioso, guantes blancos y zapatos dorados. La maquillaron profesionalmente y cuando salió a hacer su debut, todos se pararon a aplaudirla. Fue muy emocionante ver a la gente de pie aplaudiendo y pidiendo otro baile, y ella accedió con una mangulina.

Lamentablemente, no se pudo repetir; no podía permanecer más de tres meses en un trabajo si no tenía el inmigrante documentación en orden. Cada tres meses se debía buscar un permiso de estancia que en italiano se llama "Permesso di Soggiorno". Pero no era suficiente para seguir en el mismo trabajo, ya que se supone que la persona visitada no debería estar trabajando. Así que Rosa Esther debía cambiar de un trabajo a otro cada tres meses. A pesar de ciertos inconvenientes, le gustó Italia. La trataban en la calle con mucho racismo, y la policía era ruda con ella; más bien trataba de andar lo más discretamente posible para no ser muy vista.

La única intención de Rosa Esther era ganar algo de dinero para regresar al menos con algo en sus manos, así que decidió pasar todo lo necesario que fuera prudente hasta que le tocara irse. Aquel día que regresó a casa de su amiga para contarle que fue despedida del trabajo por razones migratorias, descubrió algo que ni se imaginaba. Ese día comenzó a hacerse realidad la pesadilla que Rosa Esther había tenido antes de viajar, y en ese momento empezó a recordar y verlo como una revelación.

Rosario Suárez
El Perdón A Mi Madre

Al entrar en la casa, siendo la sala su habitación, Rosa Esther se sentó en el sofá en espera de su amiga, quien tal vez estaba durmiendo y no quería molestarla. De repente, sentada allí, vio salir a un hombre del baño con una toalla blanca que cubría su medio cuerpo; ella se asustó y gritó, ya que no era el esposo de su amiga. Para su asombro y sorpresa, su amiga o protectora salió de su habitación y le dijo: "Ey, ¿por qué gritas? ¿Qué te asombra? Esta es mi casa y aquí viene quien yo quiera." Claramente, esto dejó a Rosa Esther desconcertada, y aunque no era ingenua, le dijo que estaba bien, que fue solo un susto, pensó que era un ladrón o algo así.

El señor se dirigió a su cuarto a vestirse, y después de unos minutos, salió apresuradamente despidiéndose de la amiga que estaba en bata de dormir. Se sentaron las dos a conversar, y Rosa Esther le explicó lo sucedido en su trabajo. Su amiga le sugirió buscar otro trabajo y así, ignorando por completo lo ocurrido hacía unos momentos, al día siguiente Rosa Esther salió a buscar trabajo.

Para su suerte, se encontró con un convento de monjas donde daban comida a los inmigrantes y les ayudaban a buscar empleo. Rosa Esther vio esto como una oportunidad de tener dónde comer y conseguir trabajo. Efectivamente, las monjitas le ayudaron y le consiguieron un empleo de niñera cuidando a dos jovencitos que vivían con una tía demasiado joven que estaba a cargo pero no podía llevar una vida de juventud. No tenía la madurez suficiente para estar a cargo de dos criaturas, ya que los padres de esas criaturas estaban presos por tráfico de drogas.

CAPÍTULO 11

El padre, que ya llevaba muchos años en prisión, podía salir los fines de semana a visitar y estar con sus hijos, supervisado y con un grillete en los pies. Para Rosa Esther, esto era temeroso e incomprensible, y ni siquiera le dio importancia, ya que podía estar ahí de lunes a viernes, a menos que le pidieran quedarse los fines de semana y ganarse su dinero. Los niños eran muy queridos, muy educados y cariñosos, y se entendieron al punto de que, en tres meses, querían irse con ella a la República Dominicana, y su padre estaba tan entusiasmado con el cuidado de sus hijos que decía permitirle eso e ir a recogerlos cuando saliera, ya que solo le quedaba un año de cárcel. Esto era lo que él decía, pero las cosas no eran tan sencillas; conllevaría un proceso legal muy largo y difícil.

Una noche, Rosa Esther llegó de vuelta de su trabajo a la casa y volvió a encontrar a su amiga con otro hombre. Entonces, ya sí hubo problemas porque el tipo puso los ojos en Rosa Esther. La situación comenzó a ponerse fea, y Rosa Esther decidió hablar con ella para aclarar la situación. La amiga le contestó que había pensado que necesitaba que trabajaran juntas, que ella le gustaba a unos amigos que la habían conocido y querían tener relaciones sexuales.

Rosa Esther, asombrada y asustada, le dijo que estaba loca, que ella era una mujer de valores, que jamás en su vida se había prostituido y esa no sería la primera vez. Además, le reclamó cómo se atrevía ella a hacer algo así, mientras su marido trabajaba de noche y a veces hasta doble turno para darle todo a ella.

El comportamiento de su amiga no era lo que Rosa Esther entendía como correcto, y mucho menos querer introducirla a ella a su negocio de prostitución. Por eso se atrevió a reclamarle y rechazar tal oferta tan ofensiva y fuera de lugar.

La respuesta de su amiga fue que debía irse de su casa inmediatamente, porque ya no podían seguir juntas, que esa era su casa, su vida y su cuerpo, y podía hacer lo que ella quisiera. Le recalcó que si no trabajaba con ella, entonces debería irse, pero ya. ¡Qué horror! La joven amiga, enojada, con rabia y decepcionada por su negación a trabajar, lo que parecía su plan, recogió sus cosas, las tiró en una maleta y le abrió la puerta para que saliera. Eran alrededor de las 11 de la noche, y bajo una tempestad de nieve, sin saber qué hacer, no tenía teléfono y en la casa tampoco.

Rosa Esther expresó que gracias a Dios conservaba una libretita negra pequeña donde tenía todos los contactos de sus amistades en la República Dominicana. En esa libretita había un teléfono de su gran amigo homosexual Manolo, quien residía en la República Dominicana en su pueblo Bonao. Era muy querido y respetado por ella y su familia, ya que había sido como un ángel en su familia.

Cuando su padre murió y se mudaron a esa casa donde ella y su hermana eran las dos cocineras de sus hermanos, Rosa Esther recordó cuando ese amigo llegó a la casa por primera vez, a causa de su hermano mayor que solía comprarle quipes y pastelitos que él hacía muy buenos y le pidió que fuera a casa a enseñarle a sus hermanitas a cocinar.

Ese joven, talentoso en la cocina, muy servicial, amable, querido por todo el pueblo. No había un rincón de ese lugar que no supiera quién era Manolo, un hombre alegre, generoso, que a todos ayudaba, especialmente a los más necesitados. Además, era un tremendo bailarín y en todos los bares y restaurantes, las mujeres se rifaban bailar con él. Era todo un personaje.

Manolo enseñó a las jovencitas a cocinar, y les ayudaba a lavar y planchar. Fue tan maravilloso conocer a Manolo que jamás salió de sus vidas. Ya hecha mujer, Rosa Esther depositaba su confianza en este hombre y le contaba todas sus cosas, incluso sobre su primer amor; él era quien la llevaba y traía a los lugares que solían divertirse, tratando de cuidarla. Manolo fue y será siempre alguien a quien esa familia consideró y considera parte de ellos, un ángel que Dios puso en su camino para hacer menos pesada la carga que llevaban en su rol de madres, hermanas y sirvienta.

Así comenzó y continuó la relación de Manolo con la familia de Rosa Esther y la prolongación de esa amistad con Rosa. Este hombre, al cabo de unos años, se convirtió en su profesor de cocina, su consejero y su gran amigo. Rosa Esther le agradecía tanto, a una persona que se quitaba la comida de la boca para dársela a ella y a sus hermanos. Y es que mientras la madre de Rosa Esther trabajaba en EE. UU., el dinero no le alcanzaba para mucho porque no ganaba lo suficiente.

Había algunos días muy duros, donde ellos no tenían para hacer el mercado, y Manolo estaba ahí para darles de comer. Así nació tanto amor y agradecimiento a este hombre que se convirtió en un hermano para ella y uno más de la familia.

Rosa Esther llamó a Manolo a esa hora de la noche y le pidió ayuda. Entre ellos había alguien en común, una amiga de él que había conocido a un hermano de Rosa Esther y que era un tremendo ser humano y residía en Italia. Manolo inmediatamente se comunicó con su amiga y ésta, a su vez, se comunicó con Rosa Esther. Allí, dentro de un supermercado, en un teléfono público, con una temperatura bajo cero, mal vestida y una maleta a su lado, cansada del trabajo y sin la más mínima idea de dónde iría a parar, su amiga le explicó cómo coger un taxi, alguien en el supermercado le ayudó, y ella se dirigió a la ciudad donde vivía Estela.

Una vez allí, Rosa Esther sintió la misericordia y el amor de Dios en ella. Estela la recibió con los brazos abiertos, su esposo fue muy amable y bondadoso, a quien nunca olvidaría por todo el apoyo y la confianza que depositó en ella, al extremo de darle llaves de su casa y decirle que podía quedarse con ellas, para siempre que necesitara, pues las puertas estaban abiertas.

Viviendo con Estela por tres meses y dejando atrás a los niños que cuidaba y todo lo que vivió, habían pasado ya 9 meses, y Rosa

CAPÍTULO 11

Esther decidió regresar a su país porque ya no tenía nada que hacer en Italia. Su plan no funcionó, pero el propósito de Dios sí. Ese viaje para ella fue una enseñanza, una lección de vida. Aprendió a ser más cautelosa, a oír más la voz de Dios que la de los humanos, a mantener firme su fe y sus valores morales, y a no perder la esperanza.

Rosa Esther regresó a su país, República Dominicana, ansiosa después de 9 meses sin ver a sus hijas. Todo fue alegría, un gran recibimiento; sus niñas felices de verla. Pero en ella había un vacío que no lograba llenar ni entender siquiera. Es que al salir de su país, pudo ver otro mundo tan diferente al que vivía. Una semana había pasado de su llegada, y Rosa Esther no sacaba de su cabeza aquellas ciudades tan lindas, tan organizadas, tan modernas, con personas tan educadas, aunque las llamó racistas por las actitudes de muchos en las calles, cómo la miraban, cómo la paraban los policías para cuestionarla, cómo la asediaban y le decían que debía irse e incluso le faltaban al respeto, creyendo que se prostituía solo por ser latina.

Rosa Esther relató que un día fue llevada a la policía por una bofetada que le dio a un italiano, porque le agarró sus nalgas en público. El hombre que le hizo esto alegó que por qué no hacerlo, si ella era una más del montón que iban a Italia a ser prostitutas. Esto motivó aún más a Rosa Esther a salir del país. Incluso, hubo un policía que le ofreció matrimonio para que ella se legalizara, porque se enamoró de ella, pero Rosa Esther lo rechazó; solo quería regresar a su país.

En la mente de Rosa Esther, solo imaginaba su llegada a EE. UU. y ver a su madre. Era ese el motor de arranque para Rosa Esther. Tenía ansias de ver a su madre, a quien no veía desde hace unos 15 años. Ella no entendía algunas cosas, quería indagar, ver, oír y asimilar la actitud de su madre, su ausencia, su dejadez, su falta de interés al no ir ni siquiera a su boda, ni cuando nacieron sus hijas, con todos los contratiempos que tuvo, ni cuando murieron sus padres.

Es que no había respuesta que la convenciera hasta que su propia madre le respondiera, y ese día tenía que llegar.

CAPÍTULO 12

EL ESPERADO ENCUENTRO ENTRE MADRE E HIJA

A sus 32 años, Rosa Esther logró obtener el visado para viajar a EE. UU. después de haberlo solicitado en al menos ocho ocasiones y haber sido negada. Finalmente, el sueño de Rosa Esther se convertiría en realidad, al menos eso pensó ella, sin saber el camino que le faltaba por recorrer y cuál sería realmente su destino.

Doña Esther, su madre, estuvo feliz al enterarse de que su hija finalmente iría a EE. UU. y volvería a verla. Su hermana y su madre fueron las que costearon, como siempre, todos los gastos para la realización de este viaje. Todo estaba preparado para su llegada e incluso en secreto, ya que querían sorprender a sus hermanos, a quienes jamás comunicaron tal resolución. La razón era que sus hermanos consideraban que llevar a Rosa Esther a EE. UU. podría ser un caos. El hermano mayor decía que se perdería en este país, ya que era muy rebelde y callejera.

Igualmente, Rosa Esther guardaba su secreto por su lado también. En el transcurso de su venida de Italia y su proceso de conseguir la visa, Rosa Esther conoció a quien pasaría a ser su segundo flechazo. Aquel hombre que un día, esperando el autobús, iluminó sus ojos al verlo y aceleró los latidos de su corazón, sin imaginarse lo que el destino le deparaba.

Fue una mañana cualquiera cuando Rosa Esther se dirigía a la ciudad capital para ver a su médico, y en espera del autobús allí estaba aquel hombre alto, indio, color canela, con aquel pelo negro hermoso que adornaba su cabeza perfectamente. Tenía ojos grandes y expresivos, cejas alargadas negras como su cabellera y una boca de labios carnosos que al sonreír, su dentadura era destellos de luz como la de una estrella.

Era un hombre alto, elegante, sexy; vestía un pantalón de tela de jeans blanco que se ceñía a su cuerpo con una musculatura espectacular, similar a un cuerpo de futbolista, piernas fuertes, grandes, musculosas, un trasero medio escondido, pero al caminar se notaba su masculinidad; era todo lo que cualquier mujer no dejaría de ver y admirar.

Rosa Esther recuerda que les tocó sentarse uno al lado del otro y que él cargaba un niño en sus brazos. El niño, de alrededor de dos años, comenzó a llorar como si algo le molestara, y ella amablemente le ofreció ayuda, expresándole que tal vez tenía hambre y por eso lloraba. Este hombre tan elegante, resultó ser grosero y con voz aguda y enojada le respondió que él sabía muy bien cómo hacer sus cosas y que no necesitaba a nadie para atender a su hijo, ni le dio las gracias por el ofrecimiento.

CAPÍTULO 12

Para Rosa Esther, eso fue un reproche, y muy avergonzada llegó a su destino calladita, sin siquiera moverse o mirar para el lado. Pasaron meses de esto, quizás un año posiblemente, cuando un día, en una discoteca en su pueblo natal, Rosa Esther estaba allí bailando con un amigo que ya estaba medio borracho e intentó besarla a la fuerza durante el baile.

Ella reaccionó violentamente proporcionándole una bofetada. El atrevido amigo reaccionó de forma agresiva también, y cuando ya le iba a pegar un puñetazo en la cara, de repente un hombre lo agarró por el cuello e impidió que golpeara a Rosa Esther.

Esta se enojó con el hombre y le reclamó por entrometerse, preguntándole quién era él y quién lo llamó, diciéndole que ella sabía defenderse sola y mandándolo a retirarse sin ni siquiera agradecerle el gesto de protección. Inconscientemente, hizo exactamente lo que aquel hombre le había hecho a ella en el bus. ¡Qué sorpresa! Era él, sí, era el mismo hombre que le llamó tanto la atención a Rosa Esther, quien apareció de nuevo en su vida. Ella ni siquiera se percató de eso hasta que lo vio unos días después rondando su casa. Desde ese día, ese hombre se dedicó a seguirla, averiguar todo sobre ella e incluso rondaba su casa sigilosamente. Pero su niña Lali lo descubrió y le dijo a su mami que veía a un hombre mirando para la casa, desde el otro lado de la calle.

Rosa Esther no le creía, hasta que lo confrontó y se dieron cuenta de que ya se habían visto antes, y entonces fue cuando el romance comenzó. Rosa Esther, después de haber sido engañada por su primer amor, ya era más cautelosa con las relaciones de amigos o enamorados y se dedicó a investigarlo antes de cualquier sorpresa. El mismo le confirmó que era casado pero separado de su esposa y que ya estaban en proceso de divorcio.

La relación estaba avanzando fuertemente cuando un día apareció su esposa en casa de Rosa Esther y, de muy mala forma, casi la agredió físicamente, cosa que él impidió.

Pero la acusaba de robarle a su marido y de que por su culpa ella quedaría sola con su hijo. Muy caballerosamente, él desmintió tal acusación y frente a su esposa le repitió lo mismo que le había dicho a Rosa Esther, queriendo que todo quedara claro. Lógicamente, eso no fue suficiente para su esposa, y menos porque, sin darse cuenta, se conocían muy bien; eran del mismo pueblo, dos familias muy relacionadas, dos apellidos muy reconocidos en el pueblo. Era imposible no reconocerse una a la otra.

El romance continuó a pesar de ciertas situaciones que se presentaron debido a los celos de su casi ex pareja. En el momento en que Rosa Esther consiguió su visado, se lo comunicó a su enamorado, quien a su vez le hizo saber que vivía en EE. UU. y que no era un problema seguirle. Rosa Esther volvió a su abogado para resolver la tutela de sus hijas, ya que el juez se la había otorgado a ella mediante el divorcio.

Philip ya tenía otra relación, con la que convivía y se iban a casar, y Rosa Esther no quería una madrastra en la vida de sus hijas. Por ello, volvió al mismo proceso con la señora que las cuidó mientras estuvo en Italia y le otorgaron, mediante un abogado, la tutela legal hasta el regreso de la madre.

Llegó el día de partir, y ambos, su enamorado y ella, decidieron irse juntos. En EE. UU., a Rosa Esther la esperaba su familia y él se iría a la suya. Las niñas de seis y cuatro años quedaron en su casa, donde no les faltaba nada, bajo los cuidados de su nana y la supervisión de su padre.

Él tenía toda la libertad de ir a verlas, llevarlas a pasear e, incluso, Rosa Esther le pidió que se quedara a vivir con ellas en la casa, pero él rehusó porque se iba a casar con su novia.

Obviamente, algo no estaba claro, porque Rosa Esther lo conocía muy bien y sabía cómo actuaría en ese caso. Sorprendentemente, no hizo nada y aceptó todo sin problemas.

Una vez que Rosa Esther llegó a EE. UU., todo era alegría, algarabía y sorpresa para sus hermanos. Al llegar a EE. UU., la esperaban su madre y su hermana; se abrazaron tiernamente, había júbilo y emociones encontradas que no sabía expresar. Mientras tanto, doña ESTHER se percató de que su hija venía acompañada de un hombre que para nada le gustó. Ya en camino a sus respectivas casas, la madre de Rosa Esther le susurró al oído: "¿Quién es este animal? Parece un perro bulldog. ¿De dónde lo sacaste? Prepárate, llorarás lágrimas de sangre, es malo."

Rosa Esther, que estaba enamorada, no podía aceptar estas críticas tan crueles tan rápido, y sentía como si su madre juzgara muy a la ligera. Se enojó con ella y le dijo: "Wow, acabo de llegar, tenemos años sin vernos y este es el recibimiento que me das y, para colmo, malos augurios. ¿Qué clase de madre eres? ¿A esto vine?" Rosa Esther era respondona y guardaba mucho rencor y reclamos que tenía guardados para expresarlos en cuanto pudiera, y la madre ya le estaba abriendo el camino. Entonces, ESTHER le puso la mano derecha sobre su hombro izquierdo, la miró a los ojos y le dijo: "Te acordarás de estas palabras porque las madres, por más malas que hayan sido, no se equivocan."

Cuenta ESTHER que esto fue lo peor que su madre pudo hacer, porque no era lo que ella quería escuchar. Cuando se está enamorada, no se ve la verdad, no se es objetivo.

Por alguna razón, nos cegamos, sobre todo cuando no se tiene suficiente madurez ni inteligencia emocional, y las emociones son las que dominan. Rosa Esther estaba en ese momento atrapada por sus pensamientos y sus sentimientos hacia ese hombre.

En un par de horas, llegaron a la casa de su madre en un silencio único, no se cruzaron más palabras, y la alegría fue empañada por aquel sujeto que, según ESTHER, al abrir la boca solo destilaba veneno. Rosa Esther se quedó con su madre, y el novio de ella se fue a casa de sus familiares. Rosa Esther permaneció un par de meses en casa de su madre; ya no quería estar allí porque su novio y ella querían vivir juntos, así que buscaron un lugar alquilado, una pequeña habitación en casa de una señora a una cuadra de su madre.

El lugar al que se mudaron resultó ser insoportable. La señora era muy enojona y estricta; no le permitía usar la cocina hasta muy tarde en la noche. Además, tenía gatos que le daban alergia a Rosa Esther, y el baño era su guarida, algo que no soportaba. El olor a heces, a orina y los pelos eran intolerables. Por ello, decidió dejarlo y le exigió a él que le buscara otro lugar; de lo contrario, ella seguiría con su madre.

Aparentemente, Thomas, su novio, estaba enamorado, ya que accedió a su petición y fue a recogerla a casa de su madre para llevarla al nuevo lugar. Esto fue como salir de Guatemala para entrar en Guatepeor, como dicen por ahí. Thomas llevó a Rosa Esther a vivir a otra habitación en casa de su hermano, quien a su vez tenía mujer.

Aunque la señora no era de mal carácter, el hermano bebía mucho alcohol, era vago y vivía a expensas de su esposa. Esto no era una buena influencia para Thomas, quien también se notaba medio vago y le gustaba la bebida igualmente, además del cigarrillo.

La situación empeoró, ya que a Rosa Esther no le gustaba el ambiente de vagancia y alcohol, y peor aún, vivir en un edificio de 39 pisos en pleno Uptown en Nueva York. A ella le temía a los elevadores debido a un trauma causado por los encierros que le daba su madrastra. Rosa Esther prefería subir y bajar diariamente esos 39 pisos por las escaleras, considerándolo como ejercicio. Además, por debajo de esos edificios pasaba la autopista que conducía a Nueva Jersey, haciendo que el edificio pareciera moverse debido a la vibración generada por el tráfico excesivo y los grandes camiones de carga.

Nuevamente, Rosa Esther decidió dejar a su novio Thomas. Recogió sus cosas y se fue de nuevo a casa de su madre, decidida a no volver con él, ya que en unos meses estaba notando actitudes que no eran agradables ni favorables en la relación. Era difícil para ella porque estaba enamorada y sufría cada vez que tomaba esta decisión, y él aparentemente también.

Esta vez la separación fue más larga. A los 6 meses de estar separados, él decidió, con el empuje de aquel señor que, aunque fue el secuestrador de su madre, Doña Esther, había permanecido con ella siempre ayudándola en todo, aunque ya no había relación amorosa entre ellos. Él seguía pendiente de ella.

Todavía, Rosa Esther no sabía la historia de su madre al lado de ese señor, y hubiera sido imposible creer la clase de hombre que había hecho tanto daño a su madre. Este señor se comportaba tan amable, tan servicial, tan empático, que Rosa Esther le cogió tanto cariño y aceptó un apartamento que él les consiguió en la casa donde vivía en Queens. Era muy bonito, no muy grande, pero muy acogedor.

CAPÍTULO 12

Después de que Rosa Esther lo amuebló y decoró, parecía su palacio. Rosa Esther se mudó a ese lugar y se sintió plena, aunque también fue malo porque su novio no pasaba tiempo con ella, ya que estaba en la ciudad de Nueva York con su hermano y amigos.

Ahí pasaron dos años hasta que un día la hermana de Thomas la llamó para decirle que estaba comprando una casa en Nueva Jersey y quería dejarle su apartamento a ella, porque en el tiempo que tenía conociéndola sabía que ella lo cuidaría y sería responsable con los pagos. Fue entonces cuando se mudaron de nuevo a Nueva York al apartamento de su cuñada. Ahí pasaron un buen tiempo, pero la relación entre ellos no era buena. Al cabo de 5 años, comenzaron problemas bien serios debido a su alcoholismo, adicción al cigarrillo, entre otras cosas. Rosa Esther ya estaba incómoda y sabía que esa relación no iría a ningún lado, pero seguía enamorada y esperanzada en un cambio de su parte.

Eso no ocurrió, él empeoraba, no consideraba ningún esfuerzo de ella por ayudarle, llevaba dos trabajos, siempre se quejaba de ella, la humillaba, le hacía sentir inútil e intentaba cada día poner su autoestima por el suelo.

A todo esto, sus hijas, que dejó atrás y pensó que vería pronto, se convirtieron en la pesadilla más grande de su vida porque las cosas no salieron como fueron planeadas. Rosa Esther pensó haber cometido lo que ella llamaba el error más grande de su vida al quedarse en Estados Unidos cuando se venció su visado. Su madre le dijo que sus papeles serían gestionados rápido, pero no fue así. Esto cada día la mataba; se sumergió en una depresión insostenible al punto que llegó a pensar en suicidio. Tuvo que dejar de trabajar porque su mente no estaba en ningún lugar más que en su pueblo pensando, llorando, desolada y culpándose por el abandono a sus hijas. Su pensamiento era solo regresar y al mismo tiempo quedarse para poder traerlas, sin saber cómo ni cuándo.

Mientras tanto, en República Dominicana, sus hijas sufrían el maltrato de una madrastra, e incluso de su propio padre, y esto la estaba destruyendo emocionalmente. Rosa Esther deseó más que nunca traerlas para sacarlas de ese ambiente tóxico con su padre irresponsable, quien tan pronto ella abordó el avión hacia Estados Unidos, fue y les arrebató a sus hijas a la señora que las cuidaba. Philip se enteró de que Rosa Esther se había quedado, y esto lo aprovechó para llevárselas consigo. Rosa Esther ya no estaba en condiciones de trabajar debido a su depresión. Fue entonces cuando su madre decidió llevarla a un psicólogo para tratarla.

Según Rosa Esther, este fue el mejor psicólogo que pudo haber visitado, o más que eso, ella lo catalogó como el ángel salvador que Dios usó para sacarla de donde estaba.

Su madre la llevó a su cita con el doctor, y allí, sentada al frente de un hombre grande, de color indio, dominicano, un poco rudo, serio y muy decidido a ayudarla, el psicólogo le preguntó: "Dígame joven, ¿qué es lo que le pasa? ¿Por qué esa tristeza tan grande?" Rosa

Esther, tímida y asustada, le contestó con voz entrecortada y mirada hacia el suelo: "Veo a la gente como gigantes que vienen hacia mí a atacarme. Me siento tan pequeña como una hormiga. Siento una tristeza enorme, no duermo bien, todo el tiempo llorando y con ganas de morir. Sueño a diario con mis hijas y las oigo llamarme".

Le contó Rosa Esther que, cuando se fue, las dejó dormidas en sus camitas, les dio un beso en la frente y las arropó; esa imagen no podía arrancarla de su memoria. El doctor la escuchó atentamente; entre una y otra pregunta que le hizo, le dijo: "¿Por qué no regresa a su país al lado de sus hijas? ¿La haría esto feliz? ¿Podría resolver su problema, sabe?" A lo que Rosa Esther contestó que ella quería estar con su madre también y que quería brindarles un futuro mejor a sus hijas, y allá no había oportunidades.

El psicólogo le respondió: "Oh, entonces usted está clara en lo que quiere por lo que oigo. Mire, joven, ¿sabía usted que a cada hora sale un avión de algún aeropuerto y la llevaría a su casa de regreso? Le voy a dar tres opciones; usted elija la que quiera: una es, compre su ticket y devuélvase a cuidar a sus hijas; segunda, búsquese dos trabajos para que ni piense, solo vaya a casa a dormir, que se distraiga, haga dinero y pueda traer a sus niñas; o simplemente venga todos los meses acá, que yo le prescribo sus pastillitas que la mantendrán como una estúpida, agarrada de los brazos de mami como está ahora y con esa cara de loca.

Luego, agregó: "Joven Rosa Esther, aterrícese y haga lo que tiene que hacer y déjese de bobadas. Tenga su receta y venga cuando quiera. Ah, y cuando llegue a su casa, mírese la cara, que no se ve nada bien ni bonita, ¿ok?".

Rosa Esther y su madre se miraron la una a la otra con asombro y hasta asustadas por aquel loco en frente de ellas. Recogieron la receta y se dirigieron a la farmacia a comprar la medicina. Pero una vez Rosa Esther llegó a la casa de su madre, así lo hizo; se miró en el espejo y no le gustó lo que vio. Se describió ella misma con cara de idiota, de loca y envejecida; se veía triste, apagada, y se juró salir de eso sin pastillas y las tiró por el inodoro. Al día siguiente, salió dispuesta a volver a su trabajo y buscar otro, como le dijo el doctor. Acertadamente, fue la mejor medicina que pudo haber recibido. Dejó la casa de su madre, donde estaba por unos días debido a la condición en la que se encontraba, y regresó a su casa con su novio.

Rosa Esther no se dejó vencer; aun con el maltrato de su novio, quien verbalmente la pisoteaba, le decía que no haría nada, que tenía que hablar el idioma y ella no estaba capacitada para eso, no desperdiciaba una oportunidad para ofenderla y hacerla sentir inútil. Aún por encima de su dolor, separada de sus hijas y el dolor de pensar que las había abandonado, Rosa Esther pasó 6 años y medio trabajando duramente en dos empleos: uno como ayudante de cocina en un restaurante italiano, del que salía a las 3 de la tarde, y de ahí se dirigía a su segundo empleo en una panadería o pastelería judía.

CAPÍTULO 12

Debía hacerlo, como dijo su loco psicólogo, primero para salir de su depresión y luego porque debía mantener a sus hijas y a ella misma. Rosa Esther se superó, trabajó intensamente, soportó todas las humillaciones con su novio y sus críticas porque ella se sentía muy enamorada y no sabía cómo dejarlo ir, una vez más. Su vida era un calvario, pero llena de fuerzas y esperanzas de rescatar a sus hijas, y esto vencía todo. Un día cualquiera se separó de él por un tiempo y se dedicó a resolver su situación migratoria, lo cual logró exitosamente. Al cabo de un tiempo se encontró de nuevo con su amado, a quien todavía no podía olvidar, y en un encuentro quedó embarazada. Resultando de esto, se juntaron de nuevo, ya con otras ilusiones en ella como en él.

Rosa Esther pensó que todo sería diferente, pero no fue así. La niña llegó cuando más la necesitaba; era su luz en el túnel, su refugio emocional. En ese embarazo depositó en ella todo su tiempo, su energía, su amor, entre tanta tristeza y sufrimiento con su novio. Nina vino a llenar todo el vacío en su corazón y la falta de sus hijas. Su novio Thomas no existía en sus pensamientos, solo su bebé.

Tan pronto como dio a luz a su hija, también se resolvió lo de su residencia legal, siendo Dios tan grande y generoso con ella que a sus hijas les llegaron sus papeles primero en República Dominicana. Inmediatamente, después de unas semanas, recibió Rosa Esther los suyos y tomó a su niña para ir a buscar a sus hijas.

Rosa Esther llegó a su país e inmediatamente se dirigió a la casa donde su ex esposo tenía a sus hijas. Sus niñas la vieron y salieron corriendo para tirarse en sus brazos, con una emoción indescriptible, sin reproches, sin angustias, solo lágrimas de alegría al ver a mamá. Tomó a sus hijas con ella, sin salir del asombro y sintió el dolor como un puñal clavado en su pecho al ver a sus niñas tan delgadas que solo eran huesos, dos esqueletos andando.

Era tan evidente el descuido en sus hijas que las abrazó tierna y apresuradamente se las llevó, y bendito Dios que al cabo de unos días les entregaron sus visados con residencias. Tristemente, ahí comenzó la otra historia, cuando Rosa Esther creía que todo iría bien, fue todo lo contrario; una batalla se acercaba con el padre de las niñas.

Pasaron los días y Rosa Esther debía regresar con sus tres hijas, Lali, Mindi, y La Burura, a EE. UU. A eso fue ella, a recogerlas, pero no sería así de fácil, el padre no quería entregarlas, así que tuvieron que ir al juez. Él la acusó de abandono. Una vez en el juzgado, Esther se defendió alegando que jamás las abandonó, ya que hizo un procedimiento legal para dejar a sus hijas en un hogar seguro, con una tutora que era para ella como su madre. Además de eso, Rosa Esther pudo demostrar la manutención que enviaba mensualmente, no solo para sus hijas sino también para toda la familia de él, con su esposa y dos hijos que habían procreado. También demostró el maltrato físico y mental que sus hijas habían recibido de la madrastra; todo eso lo había averiguado y tenía testigos de lo ocurrido, además de un expediente en la policía gracias a su tía Amarilis, que se enteró y denunció el hecho.

CAPÍTULO 12

El juez quedó asombrado ante tales acusaciones y mucho más de la desfachatez del padre acusando a quien había procedido legalmente y mantenido a toda una familia por tantos años. Ver con pruebas en mano cómo, mes tras mes, pagaba sus alimentos, educación y salud, sumando a todo esto el maltrato físico y mental que mantuvieron en esas niñas. A una de ellas le habían quemado una mano como castigo por haberse tomado veinticinco centavos de su madrastra para comprar algo de comer, ya que según su niña, no la alimentaban bien y sentían hambre en muchas ocasiones. La madrastra había abusado también de la otra criatura, tratando de estrangularla, le pegaban y las castigaban severamente sentadas de rodillas sobre guayos, debajo del sol por horas, las encerraban en sus cuartos, trayendo esto como consecuencia el padecimiento de claustrofobia. Nada difícil es imaginar que vivieron un infierno del cual su madre, Rosa Esther, llegó a enterarse al recogerlas.

Sin ninguna contemplación, el juez le otorgó el derecho absoluto a su madre y de llevarlas a donde ella fuera sin ninguna intervención o impedimento del padre. Pero esto no fue suficiente para Philip, el padre de las niñas. Así que quiso a toda costa impedir que se las llevara. Fue entonces cuando Rosa Esther tomó otra drástica decisión, diciéndoles que no se las llevaría en ese momento porque ella no estaba preparada. Le dijo que iría a EE. UU. a conseguir un lugar más amplio para poder acomodarlas, ya que, según Rosa Esther, cosa que no era cierta, vivía en un apartamento para dos personas.

De esa manera, Philip se sintió confiado y victorioso, y se quedó con las niñas por un par de días, en lo que Esther arreglaba su estocada final. Era fin de semana y Rosa Esther le dijo que se regresaría a EE. UU. el próximo lunes, pero que quería llevar a sus hijas a la playa para despedirse de ellas, y así lo hizo. Lo que Philip jamás imaginó estaba a punto de ocurrir. Rosa Esther emprendió un viaje con sus hijas, cuyo destino sería el aeropuerto. ¡Sí, el aeropuerto! Ya dentro del aeropuerto, condujo a las niñas al baño, sacó las ropitas que les había reservado para su viaje, las despojó de sus trajes de baño y les dijo: "Esta es la playa, rumbo a EE. UU.". Las niñas estaban emocionadas y gritaban: "¡Mami, son aviones, son aviones! ¿Nos montaremos ahí?". Y eso llenaba a Rosa Esther de tanta alegría, y su bebé, Nina, la más pequeña, se notaba feliz al lado de sus hermanitas.

Fue un día maravilloso, espectacular, todo salió perfecto. Llegaron a EE. UU. y desde el aeropuerto, Rosa Esther llamó a Philip y le dijo: "Hasta dentro de un par de años, Philip. Tus hijas están conmigo en Nueva York. Espero que cuando vuelvan a verte, no seas tan necio como hasta ahora lo has sido. Arrivederci, bambino".

A Rosa Esther no le importó ni siquiera lo que él hubiera dicho o pensado; ya estaban con ella, legalmente otorgadas por un juez. Ya eran dos jovencitas de 11 y 13 años; seguramente al regresar serían mayores de edad. Sus hijas tendrían las oportunidades, el cuidado y amor que por casi siete años no tuvieron.

CAPÍTULO 13

REBELIÓN CONTRA UNA MADRE Y LO QUE CAMBIÓ SU VIDA

Parecía que todo iría bien de ahí en adelante cuando Rosa Esther por fin recogió a sus hijas después de casi 7 largos años. Ella pensó que todo estaba resuelto y que por fin su felicidad y tranquilidad habían llegado al lado de sus seres más queridos, sus hijas.

Lamentablemente, no fue así; surgieron más problemas, situaciones que tuvo Rosa Esther que enfrentar, no solo con sus hijas sino también con su madre, a quien todavía no lograba ni siquiera pedirle la bendición, de quien ni forzadamente podía hablar con orgullo o simplemente visitarla regularmente. Aun así, se dio cuenta de que esa mujer era la que, con todos sus defectos, carencias afectivas, fría y sin amor hacia ella, siempre estaba ahí cuando la necesitaba.

Fue entonces cuando Rosa Esther comenzó a analizarse a ella misma, tratando de descubrir la verdadera esencia de su madre, a la que no conocía pero sentía que no era como se la habían descrito ni pintado. Un día cualquiera, Rosa Esther comenzó a tener ataques de pánico; demasiado estrés la rodeaba al lado de aquel hombre que constantemente la humillaba, la hacía sentir la mujer más estúpida e ignorante de la tierra. Cada oportunidad que tenía le expresaba que estaba vieja con apenas 32 años de edad. Detestaba verla activa en un gimnasio o correr su bicicleta para ejercitarse.

Aquel alcohólico y fumador, aunque responsable en su trabajo, no lo era para su relación marital, despreciándola en la intimidad y descuidándola por meses y hasta por años. El señor Thomas era un payaso en la calle y un toro en casa. De hecho, así le llamaban algunas de sus amigas: "el toro". Poseía un carácter repugnante, controlador, machista, narcisista, y esto cada día se agravaba con la presencia de sus dos hijas que, al parecer, le molestaban, eso le hacía sentir a Rosa Esther.

Insistentemente, Rosa Esther trataba de entenderlo o justificar ciertas actitudes de molestia o rechazo hacia sus hijas, porque no eran suyas. Tal vez porque no habían convivido lo suficiente para tolerarlas y como sabemos, las mujeres somos más empáticas que los hombres en las relaciones familiares. Pero aún así, puso barrera y distancia con sus hijas para evitar roces entre ellos, cuidando la integridad de ellas y la suya propia. Una medida que resultó porque, a pesar de todo, sus hijas no llegaron a ser maltratadas por él, porque Rosa Esther era la que recibía todo por ellas, evitándoles más traumas de los que ya habían adquirido al lado de aquella madrastra.

Como madre al fin, Rosa Esther jamás puso a sus hijas en término medio; siempre estaban primero que todo. Las vigilaba constantemente, evitando algún abuso verbal o físico, porque eso ya estaba hablado y jamás se lo permitiría. Había mucha tensión dentro de la casa; su único espacio libre era cuando él se iba a trabajar y regresaba al otro día. Ellas podían hablar, dormir tranquilas y jugar entre hermanitas sin críticas ni interrupciones.

Rosa Esther ya vivía en habitación separada; por 11 años sostuvieron una relación tortuosa, distante, únicamente como compañeros de casa. Ella se ocupaba de sus hijas, su educación, su manutención y cuidados. Para Rosa Esther no hubo otra distracción más que atender su casa, su trabajo, sus estudios y sus hijas.

Él se pasaba el tiempo burlándose de su deseo de superación, la criticaba y le decía que después de vieja se veía ridícula estudiando solo porque tenía 41 años de edad para ese tiempo, cosa que a Rosa Esther no le impidió ni la limitó para nada. Ella conocía su capacidad, su voluntad y motivación para hacerlo y, sobre todo, estaba determinada a ser un ejemplo para sus hijas. Rosa Esther no le importaba el tiempo ni la edad; solía decir que nunca es tarde para lograr nuestros sueños y esto era todo para ella.

Fue hasta aquel día que fue agredida físicamente por él, una más de otras ya ejecutadas. La primera vez fue a causa de unos celos injustificados; intentó golpearla, pero Rosa Esther se defendió astutamente y logró escapar. La segunda vez y la última fue la más agresiva, cuando intentó ahorcarla.

Fue aquella tarde de verano, regresando Rosa Esther de una cita médica con su niña más pequeña, "La Burura", como la llamaba. Habían estado con su pediatra cuando, de repente, en plena revisión, la niña dice a su doctor que su madre, o sea, Rosa Esther, le pegaba. Sin ninguna razón, sin ningún motivo, tal vez cosas de niños, aunque con 12 años de edad.

El doctor le dice que debía llamar al departamento de niños para denunciar esto, pero Rosa Esther logró convencerlo de que era un error, por lo que el médico, ya tratándola por todos esos años, le creyó; ya le conocía y dudó que eso estuviera pasando. De todas formas, le advirtió que no debía pasar de nuevo.

Dos días antes, Rosa Esther había tenido una discusión con el esposo, en la cual el esposo la amenazó nuevamente con romperle la boca, y ella, desesperada, corrió a su habitación, se encerró a llorar, tomó su Biblia y arrodillada allí, oró al Señor y suplicaba en lágrimas una salida de esa situación que vivía. Al amanecer, se dio cuenta de que había caído rendida al suelo con la Biblia sobre ella, y rápidamente se levantó para ir a trabajar.

Pero había algo que Rosa Esther guardaba en secreto, y es que andaba buscando un lugar donde irse a vivir con sus hijas secretamente, sin éxito alguno hasta ese día glorioso que le cambió la vida.

Rosa Esther relata que, por tres semanas consecutivas, el pastor de la iglesia donde se congregaba desarrolló el mismo tema sobre el

CAPÍTULO 13

libro de ESTHER. Una mujer destinada a alcanzar la salvación de su pueblo judío. ESTHER estaba destinada a representarlo, siendo muy obediente, sumisa, leal y sabiamente lo hizo. Sin embargo, había un plan ya elaborado para el exterminio del pueblo judío. Ella, astutamente conquistó al rey, quien la amó con locura tan pronto la vio, y descubrieron que quien era la mano derecha del rey y planificador del mal a su pueblo era la mano derecha del rey, un hombre ambicioso y malvado.

Todo fue un plan perpetuado por el asistente del rey para hacer daño al pueblo judío y sacarla a ella junto a su primo Mardoqueo, quienes trataban de persuadir al rey para evitar la aniquilación de esa raza. Esa persona a la que el rey tanto confiaba fue ahorcada con la soga que él mismo había elegido y colgada para Mardoqueo. La ropa y el anillo que lo identificaban como la mano derecha del rey fueron entregados y exhibidos por Mardoqueo, y Esther fue la amada del rey que salvó a su pueblo por su obediencia a Dios, humillándose ante él, suplicando y prometiendo ayunos para que le concediera su petición.

Esa mañana, alrededor de las 6 am, cuando Rosa Esther se dirigía a su trabajo, al salir del edificio, vestida con su uniforme blanco de enfermera y una mochila a su espalda que portaba su comida y cosas personales, su pequeña Biblia que solía leer durante el trayecto, repentinamente, llena de dolor, angustia y desesperación, se lanzó de rodillas al piso y abrió sus brazos de forma suplicante con lágrimas que rodaban por sus mejillas, mirando al cielo, sin importar las personas que de forma asombrada y preocupada la miraron gritando en voz alta: "Dios mío, sácame de esta jaula maldita porque yo no sé cómo hacerlo. Ayúdame, por favor, no aguanto más".

Al día siguiente tocaba la cita médica con la niña y pasó lo relatado anteriormente. Rosa Esther llamó a su esposo antes de llegar a la casa para decirle lo sucedido, y este, en lugar de entenderla, la acusó de todo y la insultó. Cuando Rosa Esther llegó a la casa, su esposo estaba borracho, como usualmente lo hacía; parecía un animal furioso y empezó a agredirla, gritándole que ya se había enterado de que se iba de la casa, pero que primero la mataría antes de que eso sucediera.

De repente, la tomó por el cuello contra la pared y la estaba ahorcando. Su hija le gritaba que dejara a su mami viva, que no la matara, pero él parecía estar poseído y no hacía caso alguno.

Fue un momento espantoso, muy frustrante y temeroso. La niña se movía, corría por el pasillo del apartamento llorando con sus manitas en la cabeza de un lado a otro, se aferró a sus piernas y lo movía diciendo: "Déjala, déjala, ese no eres tu papi, es un demonio", y efectivamente, era el demonio.

Por la mente de Rosa Esther disturbada, a la defensiva, solo se recitaba el Salmo 23 "El Señor es mi pastor", y de repente vino a su mente el recuerdo de una técnica de karate que aprendió cuando era más joven de autodefensa, cosa que decidió aprender para no dejarse abusar más de hombres. Esta técnica la aplicó y se liberó de él apenas con un poco de fuerzas porque ya estaba perdiendo el sentido. Pero Dios la escuchó en su oración y la socorrió a través de ese recuerdo.

Rosa Esther pudo escapar con su hija, no sin antes darle una patada en sus testículos para debilitarlo más, agarró a su hija, su teléfono y sus llaves, bajando por las escaleras de forma desesperada, intentando no ser alcanzada de nuevo, llamó a la policía y estos llegaron en minutos para arrestarlo.

El proceso policial se llevó a cabo y jamás se volvieron a juntar. Es aquí donde Rosa Esther puede darse cuenta del plan divino de Dios al revelarle a través de esa lectura que no importa lo que otros planeen con tu vida porque siendo tú su hija o su hijo, él siempre velará y te socorrerá.

El plan de Dios fue perfecto, y ese hombre que la amenazaba con tirarla a la calle, con humillarla, avergonzándola por sus limitaciones, terminó encarcelado, avergonzado ante todos y alejado de su hogar al que jamás Rosa Esther le permitió regresar. "Si Dios está contigo, ¿quién contra ti?"

Tal vez, desde la primera ocasión, Rosa Esther debió dejar la casa e irse con sus hijas, pero aun así siguió allí porque no tenía forma de salir. Con tres hijas a su cargo, las finanzas muy limitadas y además sus estudios por terminar, le resultaba difícil echar a sus hijas hacia adelante.

Cuenta Rosa Esther que no estaba preparada financieramente ni emocionalmente para ser independiente. Aunque trabajaba, lo que ganaba no era suficiente. Se sentía llena de temores, angustia e inseguridades. Irónicamente, la vida o las circunstancias pusieron a Rosa Esther en el mismo lugar que estuvo su madre. La recordaba constantemente en cada episodio tan parecido al de su madre: dejar su país, dejar a sus hijas, ser abusada y humillada, y controlada por un hombre.

Comenzó a sentir nuevamente ataques de pánico, mucha tristeza al punto de no querer ni siquiera ir al trabajo. La depresión la llevó a descuidar la casa, a descuidarse de sí misma, con constantes dolores de cabeza y presión arterial elevada. Entre el trabajo como asistente de enfermeras en un hogar de ancianos y la situación marital, sentía que la estaban llevando a la muerte. Era un trabajo física y emocionalmente fuerte, estresante y angustiante.

Trabajar en un hogar de ancianos no es algo fácil. Se debe tener mucho amor al prójimo, humanismo, relaciones humanas, y entender lo que significa envejecer, la fase senil del ser humano, las enfermedades, discapacidades y el abandono familiar.

Es un lugar no solo para mayores sino también para jóvenes; al menos, así lo describen en Estados Unidos llamándolo "nursing home" y en español, hogar de ancianos. Allí hay personas de todas las edades con diversas enfermedades y condiciones físicas y mentales que jamás alguien podría imaginar. Es un lugar de gran enseñanza de vida.

Rosa Esther describe su tiempo como empleada en ese lugar como la universidad que la graduó de humildad, bondad y empatía. Fue como pasar de una realidad infernal a una luz celestial.

Descubrió su vocación al cuidado de enfermos, su devoción y debilidad ante el sufrimiento humano. Aunque se preparó académicamente en la universidad para ejercer otro tipo de trabajo, no encontraba la forma de salir y dejar a esas personas que necesitaban mucho amor, compasión, empatía y humanidad para ser cuidados.

Todas estas situaciones tenían a ESTHER entre la espada y la pared. Desarrolló una depresión muy grande de la que solo con la ayuda de Dios pudo salir. Ya traía secuelas de la depresión que había sufrido cuando apenas había dejado a sus hijas y a su país.

Esta vez, su depresión fue mayor, pues tenía muchos sentimientos encontrados: el dolor que vivía a diario en una relación tortuosa y abusiva, una familia que sacar adelante, el deseo de superarse y sentirse limitada, atrapada y menospreciada por el hombre que debía ser su compañero y ayudarla a superar dificultades, pero que por el contrario, le daba más, y que no solo una vez sino varias veces la agredió físicamente, además de un trabajo agotador que no podía dejar.

Muchas veces, Rosa Esther se sentía culpable, incapaz, la poca mujer como él le decía. Se sentía la madre más mala del mundo por haber repetido la historia que ella había vivido, por imponer a sus hijas nuevamente a vivir en medio de una familia disfuncional, sin amor y sin paz. Pero al mismo tiempo, sentía que había un propósito en todo esto, que la vida le estaba enseñando algo que ella no sabía descifrar. Rosa Esther sentía que algo debía ser arreglado, algo dentro de ella la atormentaba tanto que decidió buscar ayuda porque sola jamás lo lograría.

Su salud se deterioró física, espiritual y mentalmente, indudablemente. Necesitaba el apoyo de alguien y quién mejor que su amiga cristiana que conocía por más de 30 años. Rosa Esther llamó a su antigua amiga boricua, "la Bori", y le contó lo que le pasaba. Esta inmediatamente acudió a ella y le ofreció ayudarla, invitándola a asistir a su iglesia, a lo que ESTHER no rehusó, aunque no sintió que sería la solución porque ya había visitado varios templos y en ninguno encontraba lo que buscaba. Pero el tiempo de Dios es perfecto y sus planes no los sabemos. Fue allí donde Rosa Esther tuvo la experiencia más hermosa de su vida.

Rosa Esther se dedicó a ir cada domingo a la iglesia, y aunque no sentía la rápida solución que esperaba, su fe crecía y su esperanza también de que su socorro estaba allí, y no dejaba de congregarse. Pasaron meses bajo aquella depresión, y el deseo de superarla, aferrada a su creencia, sabía que su Dios le estaba preparando para algo grande. Fue entonces, un domingo, quizás uno de los más

CAPÍTULO 13

angustiosos de su vida, cuando Rosa Esther, más desesperada que nunca, llegó a la congregación en gran llanto.

Algunos la consolaban tratando de entender su angustia, pero ella sentía y buscaba con necesidad de algo más poderoso. Sin miedo, sin pensarlo, se arrodilló en el suelo con sus brazos abiertos y con un grito de angustia, temblorosa, pudo entonar una canción que llegó a convertirse en su himno de oración, titulada "Con mis manos levantadas". Increíblemente, con tal fuerza y devoción, las letras de esa canción reflejaban el ruego de Rosa Esther, con las palabras exactas y justas que necesitaba expresar.

En unos minutos, ella comenzó a sentir como si un rayo de luz penetrara en su cabeza y cayó inconsciente al suelo. Sin saber cómo ni cuándo despertó, rebosada de alegría y con un corazón pleno de paz, como si hubiera renacido. Relata Rosa Esther que fue algo tan maravilloso, impresionante, que solo quien lo vive lo podría entender. A partir de ese día, dijo que allí conoció lo increíble, vio lo invisible y vivió lo inolvidable, algo que jamás la separaría de su Señor Dios.

Aquella iglesia llamada "Amanecer de la Esperanza", como dice su nombre, la llenó de fe, fuerzas, y seguiría siendo su segunda casa. Allí encontró paz, amor, empatía, protección, seguridad, y el poder de Dios sobre ella que cambió su vida y su destino. Su alma se unió a la de su Señor, quien la sostuvo, la socorrió, la levantó cuando estaba caída, y la sacó del abismo donde estaba sumergida. A partir de ese día, Rosa Esther fue otra, su vida cambió radicalmente, y a medida que escuchaba la palabra de Dios, aprendió lo que hacía tiempo necesitaba: escuchar y entender sobre el perdón.

Rosa Esther pudo darse cuenta de que en su corazón había mucho dolor, rabia, resentimiento, inseguridades y heridas que necesitaba sanar. Solo a través del perdón lo lograría, así se lo reveló el Señor. Era necesario perdonar para sanar su corazón. Por medio de la palabra, le fue revelado a Rosa Esther que debía perdonar.

Recordó aquel día que su pastor habló y enfatizó tanto en esto que duró dos domingos hablando de lo mismo. El pastor predicó sobre el perdón basado en un texto bíblico, Mateo 6:14, que dice: "Porque si perdonas las ofensas a otros, también tu Padre celestial perdonará las tuyas". De la misma forma lo expresamos al orar el Padre Nuestro, la oración más conocida y más practicada, donde dice: "Perdona nuestras ofensas como nosotros perdonamos a los que nos ofenden".

Fue entonces cuando Rosa Esther tomó la decisión de hablar con su pastor y abrió su corazón para confesar su dolor y el perdón que había recibido de nuestro Padre celestial.

Expresó la necesidad de perdonar a su madre de la misma forma, por todo el dolor que causó con su lejanía, y le pidió perdón por todas las ofensas y recriminaciones que le hizo, ignorando su trayectoria de vida. El pastor le aconsejó y sugirió perdonar, indicando que necesitaba sanar a través del perdón. Sin embargo,

CAPÍTULO 13

Rosa Esther no sabía cómo hacerlo, carecía de valor, y no sabía si sentía vergüenza, orgullo, temor, o simplemente no sabía humillarse.

Su lucha entre el espíritu y su ego continuaba sin dar paso a otra cosa que no fuera la espera. Otro día de congregación llegó. Aquel domingo, el sermón trataba sobre uno de los mandamientos más sagrados que nos dejó el Señor: "honrar a tu padre y a tu madre; así se te alargará la vida y todo te saldrá bien".

Fue ahí cuando Rosa Esther comenzó a meditar e investigar sobre esto y entendió que no era quien para juzgar a sus padres, especialmente a su madre. Comprendió que su deber era honrarlos, sin importar lo que hicieran. Entendió que el camino a la liberación de ese dolor y el peso que llevaba dentro lo encontraría humillándose ante su madre, reconociendo sus errores, faltas y pidiendo perdón.

Así que pensó bien las cosas, y ese día decidió que para hacer cambios en la vida, debía enfrentar las consecuencias, ser fuerte, determinada y atreverse a hacerlo. Pensaba que su vida tomaría otro rumbo, ya que por desobediencia a las reglas de Dios, su vida había sido un desastre, llena de inseguridades, miedos, ansiedad y turbulencias.

Un día cualquiera se dirigió a la casa de su madre, y al llegar allí se arrodilló y le dijo: "Madre, perdóname. Sé que te he herido con reclamos insensatos e inconscientes, que he sido rebelde y hasta grosera. No he sido la hija que debería ser según lo que Dios manda. También te perdono por tu ausencia, por hacer en ese momento lo que pensaste era lo mejor para mis hermanos y para mí, y por todo lo que no me pudiste dar. Perdóname para poder tener mi alma y mi vida en paz. Yo necesito tu perdón".

Esto fue para Esther el alivio y la liberación de su alma más grande después del perdón de Dios. Sintió que volvió a nacer; ya no era ella sino otra, aquella que soñaba algún día ser: libre, serena, feliz, y tener coraje de abandonar lo que le hacía daño. Esa actitud de perdonar y ser perdonada fue más que un simple desahogo o liberación; había sido su renacimiento, lo que la impulsaba y motivaba a ser la hija, la madre, la hermana e incluso la esposa que no había sido.

Rosa Esther desarrolló valentía, seguridad y una fe tan grande en sí misma que logró cosas que nunca pensó. Tuvo coraje para enfrentar la vida con más ahínco, con fuerza. Se aferró a Dios y a la vida. Desde ese momento del perdón, jamás Rosa Esther volvió a reprocharle o a exigirle respuestas de forma grosera a su madre. Todo lo contrario, quiso escuchar toda su historia, entenderla, demostrando empatía, compasión y mucho dolor al conocer su versión, su verdad, su real historia de vida que hoy Rosa Esther quiso plasmar en este libro.

Rosa Esther creció llena de interrogantes, dudas, inseguridades, rencores y mucha tristeza debido a la falta de quien dejó el más profundo y turbio vacío en su alma y en su existencia. Pero que aun así, después de conocer sus motivos, razones y experiencias de vida tan tristes, traumáticas e increíbles, y la valentía con la que esa mujer enfrentó la vida, solo le han dado a entender que Dios siempre tiene un plan para cada propósito.

La ausencia de su madre la fortaleció y la formó como la mujer que ha sido y es hoy día. Aunque no fuera de la mejor o adecuada forma, le enseñaron a ser resistente, a pelear por la vida, por lo que quiso y por lo que creía de ella, a amar sin haber sido amada, a dar sin haber recibido y a ayudar sin haber sido ayudada.

La vida no es como quisiéramos, pero nos da lo que merecemos cuando es Dios quien te guía y traza un plan divino. Él nos prepara el camino para que podamos andarlo a pesar de las piedras y todas las barreras o turbulencias que encontremos. Rosa Esther se hizo una mujer sabia, supo encontrar su verdad y la de otros, dirigió a sus hijas, que son hoy su reflejo, su legado, su mayor alcance y éxito, porque son buenas personas, humildes, bondadosas, temerosas de Dios, mujeres trabajadoras y excelentes madres.

Sus tres hijas no reflejan sus dolores, traumas y angustias porque en su trayectoria de vida, cada huella que le iba dejando cada dolor lo transformó en lecciones de enseñanza con sentido contrario. Jamás le han reprochado a su madre haber buscado otros caminos dejándolas a ellas atrás, porque siempre las puso primero y lo hizo de manera diferente.

Rosario Suárez
El Perdón A Mi Madre

Aprendió del error de su madre y, aunque sufrió la ausencia de sus hijas, sabía que no sería por mucho tiempo. Sus carencias las convirtió en provisión, y sus lamentos en cánticos; su tristeza la desplazó en oración y su mundo pasado en un futuro brillante.

Rosa Esther es quien hoy te dice que vale la pena sufrir, vale la pena llorar y vale la pena carecer porque de ahí sacarás de ti lo mejor, lo divino que Dios pone en ti. Rosa Esther, aquella hija dolida, arrogante y despiadada que no desaprovechaba la más mínima oportunidad para herir y humillar a su madre, aprendió a no juzgar, sino a perdonar; a no esperar amor, sino a amar; a ser agradecida por lo bueno y por lo malo que pasas en la vida. Aprendió y entendió que solo Dios puede y debe juzgar a nuestros padres; que nuestro deber como hijos es venerarlos, ayudarlos, amarlos y tolerarlos por siempre, como manda su santa palabra.

Dios nos ha dado su paz para que vivamos en paz, pero nos da esa paz cuando la buscamos y cuando practicamos su palabra. Nos da la seguridad de que, aunque estemos en tormenta, Él traerá la calma.

***

ACERCA DEL AUTOR

Rosario Suárez es una mujer que ha trabajado arduamente a lo largo de su vida. Amante de la libertad, la paz y el amor propio. Apasionada por la vida y el ser humano, se destaca como defensora de la mujer, de su patria, siendo una nacionalista aferrada a la defensa de su nación, sus costumbres y cultura. Una mujer que creció bajo la violencia de todo tipo, pero aun así tuvo el coraje de defenderse cada vez que pudo y levantarse cada vez que caía. Ferviente creyente en Dios, a quien considera su padre, su guía y el autor de su vida y destino.

A lo largo de su vida, ha transitado por diferentes lugares y situaciones que la han moldeado, convirtiéndola en una mujer valiente, decidida, apasionada por el amor, sensible al sufrimiento ajeno y siempre aferrada a su fe en el camino del amor, el perdón y la redención.

En este libro, "El perdón a mi madre", Rosario Suárez plasma sus aciertos y desaciertos, sus sombras y luces que la guiaron por senderos que le proporcionaron una liberación para su alma, rompiendo cadenas que le impedían avanzar.

Es amante del bienestar físico de forma natural, apasionada por escribir poemas y cultivar conocimientos día a día. Obtuvo un Associate Degree en Gerontología (estudio del proceso de envejecimiento) en la Universidad La Guardia en Queens, Nueva

York, y un Bachelor's Degree en Ciencias en la Universidad Boricua College.

Además, se graduó como secretaria ejecutiva en la Universidad Pedro Henríquez Ureña (UNPHU) y fue estudiante por tres años sin completar la carrera de Administración de Empresas en la Universidad Madre y Maestra (UCMM) en República Dominicana. También ha completado otros cursos relevantes para su trayectoria laboral, como Certified Nursing Assistant, Dialysis Technician y Phlebotomy.

Con esta historia de vida, Rosario Suárez busca transmitir principios como la fe, la fortaleza, la resistencia, la persistencia, la determinación, el perdón y la empatía, y, sobre todo, mucho amor. Aplica valores como la lealtad, la bondad, el humanismo y el amor en todas sus formas, descubriendo que el amor tiene muchas maneras de demostrarse, así como diferentes formas de ser interpretarlo y definido.

ACERCA DEL AUTOR

Made in the USA
Middletown, DE
26 October 2024

62769809R00119